天津社会科学院建院四十周年精品文库

社会学浅谈

王辉 著

天津社会科学院出版社

图书在版编目（CIP）数据

社会学浅谈 / 王辉著. -- 天津 : 天津社会科学院出版社，2019.8

（天津社会科学院建院四十周年精品文库 / 靳方华主编）

ISBN 978-7-5563-0563-6

Ⅰ. ①社… Ⅱ. ①王… Ⅲ. ①社会学－研究 Ⅳ. ①C91

中国版本图书馆 CIP 数据核字(2019)第 170810 号

社会学浅谈
SHEHUIXUE QIANTAN

出版发行：天津社会科学院出版社
出 版 人：张博
地　　址：天津市南开区迎水道 7 号
邮　　编：300191
电话/传真：（022）23360165（总编室）
（022）23075303（发行科）
网　　址：www.tass-tj.org.cn
印　　刷：天津午阳印刷股份有限公司

开　　本：880×1230　毫米　1/32
印　　张：4.875
字　　数：90 千字
版　　次：2019 年 8 月第 1 版　2019 年 8 月第 1 次印刷
定　　价：78.00 元

总 序

《天津社会科学院建院四十周年精品文库》收录了天津社会科学院建院以来的部分精品学术著作和研究成果，即将陆续付梓。该文库的出版是天津社会科学院建院40年来优秀科研成果的集中展示，是对40年来不懈奋斗的领导和学者们的诚挚敬意，也是对当今接续奋斗的社科院人的热忱激励。作为天津市规模最大、门类最全的哲学社会科学专业研究机构，40年来，天津社会科学院在众多学科涌现了杨柳桥、吕万和、卞慧新、黎干、孙振、王昌定、王辉、温克勤、罗澍伟、潘允康、周路、包永江、荣长海、张景荣等一大批国内外知名的专家学者，在哲学伦理学、法学理论、历史文化、经济社会等诸多领域贡献了一大批思想深邃、引领学界的研究成果，为繁荣发展中国哲学社会科学做出了突出贡献。借撰写文库序言的机会，谈几点感受。

我们正处在繁荣发展哲学社会科学的新时代。习近平总书记指出，当代中国正经历着我国历史上最为广泛而深刻的社会变革，也正在进行着人类历史上最为宏大而独特的实践创新。这种前无古人的伟大实践，必将给理论创造、学术繁荣提供强大动力和广阔空间。这是一个需要理论而且一定能够产生理论的时代，这是一个需要思想而且一定能够产生思想的时代。改革开放以来，中国共产党团结带领全国各族人民开辟了中国特色社会主义道路，在理论、制度和文化上，形成一系列创新的思想理论、发展理念和实践方略，为人类文明做出了突出贡献。天津社会科学院的发展伴随着改革开放的历史进程，从建院以来的初创奠基、探索前进、改革发展到如今的创新竞进，从站上新起点到迈入新时代，40 年风雨同舟，40 年披荆斩棘，40 年砥砺奋进，全体社会科学工作者用忠诚、担当绘就了一幅气势恢宏的历史画卷，谱写了一曲不问浮华的奋斗赞歌。新时代，新召唤，哲学社会科学正面临着空前丰富的素材与题材、空前复杂的命题与试题、空前广阔的机遇与空间，时代是出卷人，人民是阅卷人，我们是答卷人，在这个繁荣发展哲学社会科学的新时代，只有坚持以习近平新时代中国特色社会主义思想为指导，聆听新时代的声音，立足新时代的特点，回应新时代的呼唤，认真研究解决重大而紧迫的问题，才能真正把握住历史脉络、找到发展规律，推动理论创新，推进咨政建言，提升服务社会的品质。

新时代的哲学社会科学必须毫不动摇地坚持以马克思主义为指导。当今世界，各种思想观念、思维方式、意识形态的交流和碰撞越来越频繁、越来越激烈，给意识形态带来许多新问题、新挑战。以什么样的世界观、方法论来审视世界、引领未来，是哲学社会科学的根源问题。马克思主义是科学的思想体系，是人类思想史上最重要的成果，它揭示了人类社会发展的本质和规律，是科学的世界观和方法论，是我们认识世界、改造世界的强大思想武器。我国革命、建设和改革实践反复证明：中国特色社会主义需要马克思主义，坚持以发展着的马克思主义为指导，是我们事业沿着正确方向胜利前进的根本保证。当今中国，坚持马克思主义就是要不断深入学习贯彻习近平新时代中国特色社会主义思想。建设具有中国特色、中国风格、中国气派的哲学社会科学，必须坚持马克思主义指导地位，运用马克思主义观察时代、解读时代、引领时代，真正搞懂面临的时代课题。坚持马克思主义指导地位，需要不断推进实践基础上的理论创新，及时回答时代之问、人民之问，不断开辟马克思主义发展新境界；需要我们用马克思主义的思想武器，提升文化“软实力”和社会主义核心价值观体系建设，用强大的思想武器构筑意识形态领域的钢铁长城；需要我们加强主流意识形态的吸引力、凝聚力，提高主流意识形态的控制力和引导力，同新自由主义、历史虚无主义等各类不良社会思潮和意识形态领域的敌对势力做斗争。

哲学社会科学研究应该“以人民为中心”。与时代同步伐，与人民共命运，关注和回答人民需要的问题，是社会科学工作的生机与活力所在。“大学之道，在明明德，在亲民，在止于至善。”中国特色社会主义的成功经验蕴含着人民群众丰富实践创造的宝贵经验，为理论工作者的学术创新提供了丰厚土壤和研究样本。以人民为中心，需要我们“引时代明德、为人民立言”，牢固树立为人民做学问的思想，切实承担起以文化人、以文育人、以文培元的重要使命；需要我们认真汲取优秀历史文化中的合理元素，挖掘阐释其中符合时代精神、具有普遍意义的思想精华，为振兴中国学术尽心尽力；需要我们坚持理论与实践相结合，坚持问题导向，善于从实践中提炼经验做法，善于运用哲学观点和社会理论，回答和解决当前面临的矛盾和问题；需要我们唱响主旋律，凝聚正能量，不断巩固人民群众团结奋斗的共同思想基础；需要我们坚持从国家和区域发展的实际出发，聚焦高质量发展要求，努力在中华民族伟大复兴和“五个现代化天津”建设中，服务大局，展现作为；需要我们坚持平实务实，聚焦人民群众所思所想所盼，用通俗易懂的语言，有针对性地解疑释惑，积极回应群众关切，推进马克思主义思想大众化，始终贯彻理论创新“来自人民、为了人民、贴近人民”的鲜明品格。

哲学社会科学研究要强调精品意识。对社会科学研究成果而言，质量就是生命。大学之大，不在大楼，而在大师；大家之大，不在派头，而在作品。如何锻造学术精品，需要我们以扎根本土、深植时代为基础，在观念和手段结合上、内容和形式融合上进行深度创新，提高作品的思想高度、文化内涵、学术价值。当前，哲学社会科学研究的重要任务是立足中国特色社会主义伟大实践，提出具有自主性、独创性的理论观点，构建中国特色学科体系、学术体系、话语体系，这是产生学术精品的源泉和保障。社科工作者应该围绕“三个体系”建设，深入生活、扎根人民，树立正确的历史观与文化观，拿出真正经得起考验的精品佳作，凭本事说话，靠品质取胜。社会科学研究是一项苦差事，需要勤于思考、甘于清贫、淡泊名利，不畏浮云遮望眼，专心致志地锻造精品。如果不把心思和精力放在创作精品上，只想着追名逐利、走捷径、搞速成，成不了大师、成不了大家。以精品奉献人民，需要耐得住寂寞，经得起诱惑，守得住底线，立志做大学问，做真学问，同浮躁之风、弄虚作假、学术不端划清界限，在学术积累上下功夫，在守正创新上下功夫，不断增强学术积累和创新能力，拿出更多高质量、高水平的科研成果。

藉此为序。向被收入文库的作者和作品致敬！向接续奋斗 40 年的天津社会科学院人致敬！向为文库的出版付出辛勤努力的同志们致谢！也衷心希望更多的专家学者立时代潮头、通古今变化、发思想先声、引时代明德、为人民立言，不断涌现出更多的精品佳作、名家大师，不断推进全国一流社科院建设迈上新台阶。

靳方华

2019 年 3 月 17 日

目　录

从买早点开场

——谈谈什么是社会学

“黎明即起，洒扫庭除”。人们每天黎明起来，顾不得洒扫，抹一把脸，提上篮子，直奔早点铺，为的是捷足先登，省得排长队。这里，引出来一系列值得研究的社会问题：第一，从做早点到买早点，反映着社会消费水平的提高，这是一个社会生活发展趋势问题；第二，现在买早点的人越来越多了，出售早点的摊点需要随之增加，这是一个需要解决的社会生活问题；第三，排长队，买早点难，增加了居民的生活负担，同时也增加了服务行业的压力，这又是一个需要重视和解决的社会问题；第四，在买卖过程中，顾客与售货员之间、顾客与顾客之间、售货员与售货员之间，都要发生各种各样的联系，形成多方面的社会关系。简简单单的一个买早点，就涉及一系列社会问题和社会关系，因而取得了社会学研究对象的资格。

说起社会学，人们可能比较生疏；可是社会学研究的问题，人们却十分熟悉。我们天天生活在社会中，形形色色的社会现象，丰富多彩的社会生活，纵横交错的社会关系，纷繁复杂的社会问题，所有这一切，都是社会学研究的内容。

什么是社会学？社会学研究的对象是什么？中外学者有种种说法。有些学者认为社会学是研究社会群体或群体生活的；有些学者认为社会学是研究社会组织或社会制度的；有些学者强调社会学是研究社会关系的；有些学者指出社会学是研究社会过程或社会相互作用的；有些学者声言社会学是研究社会行为的；还有些学者则主张社会学是研究社会问题的。

尽管众说纷纭，但它们毕竟有一个共同点，那就是认为社会学应当从不同的方面来研究社会生活。不过，仅此还不能反映社会学的根本特点，因为整个社会科学都是研究社会生活的，岂独是社会学？可否这样说，社会学是研究社会关系、社会行为和社会问题及其变化规律的一门社会科学。社会学作为社会科学的一门学科，有以下三个特点：

首先是整体性。社会学的特点在于把社会当作一个变动着的整体来进行分析。人们只有在社会群体中才能生存，任何人都不能离群索居。人们在社会中生活，彼此之间必然要结成这样或那样的社会关系，并发生这样或那样的社会行为。社会学不仅研究社会关系和社会行为，而且要通过人们的社会关系和社会行为来研究社会整体，研究社会的结构、功能和发展变化的规律。比如，以前我国十亿人口有八亿人口搞饭吃的旧局面目前已经发生变化，最突出的表现是一亿农民离开粮田搞专业，从事养殖、加工、运销和经济作物种植各业生产。这说明我国农业正稳步地、健康地走向专业化、社会化，正在从自给、半自给生产向着较大规模的商品生产转化，从传统的农业向着现代化农业转化。这个问题，当然首先是经济学研究的课题。但是，经济学研究并不能取代社会学研究，社会学对于这个问题自有特殊的研究角度。一是大批农村劳动力放下锄头镰刀转入了乡镇企业，由农民变成了以农副产品加工为主的工业企业的长期的或临时的工人，这就带来了我国整个社会结构的变化。二是农民离土不离乡，联系到整个农村社区的新变化，这种变化的趋势是什么，需要从社会整体上加以研究。社会学必然要具体研究社会这个矛盾统一体的各个部分，例如各种组织、制度、社区等，但它不像其他专门学科那样只局限于研究某一部分，而是研究这一部分在整个社会及其变动中所处的地位和所起的作用，研究这一部分同那一部分的相互关系。

其次是广泛性。社会学广泛地研究社会生活中人们相互之间的社会关系和社会行为。人类社会就是由人们的种种社会关系所构成的。在人们的全部社会关系中，生产关系是基础和核心。在阶级社会里，则又体现为阶级关系。除了生产关系之外，人们在社会生活中还结成一系列的社会关系。例如有家庭关系、亲属关系、朋友关系、邻里关系、同乡关系、师生关系、同学关系、同事关系、同业关系、上下级关系等。正是通过多种多样、错综复杂的社会关系和相应的社会行为，才形成了社会组织、制度和结构，人们才可能一起生活和开展社会实践活动，从而产生了形形色色、千变万化的社会现象。这种众多的社会现象，小至个人扮演的种种社会角色、两个人之间的交往关系、家庭关系，大至社会组织的关系、阶级关系、民族关系，都是社会学研究的范围。

最后是综合性。社会学研究的综合性突出表现在它研究任何一种社会现象、社会过程或社会问题时，总是联系多种有关社会因素以至自然环境来加以考察的。比如社会治安问题，影响这个问题的有社会心理、社会风气、社会教育、社会组织、社会控制等多方面的社会因素，因此必须采取思想的、政治的、经济的、行政的和法律的各种措施和多种形式，全面实行综合治理。又如为了调动职工在“四化”建设中的积极性，我们要处理好城市现代化与生活社会化的关系。在发展城市经济建设时，需要解决各种社会因素中的问题，如第三产业的发展。现在“有活没人干,有人没活干”的现象还严重存在。据部分资料粗略统计,北京市某居民区第二产业与第三产业的比例是1∶0.82,而东京、纽约等城市都在1∶1.2以上。大力发展第三产业,既可以较好地安排生活服务,又可以解决部分青年的就业问题。这些都需要进行综合研究。社会学研究,常常结合社会科学甚至自然科学有关专门学科的研究成果进行综合考察。因此也可以说,社会学是一门综合性的学科。

社会学研究领域的范围划分,涉及社会生活的群体单位(例如家庭、村庄、城镇、民族及各种国体),涉及社会的各种制度(例如婚姻制度、经济制度、政治制度、法律制度、宗教制度、教育制度等),又涉及社会各种活动过程(例如社会的竞争与合作,社会的冲突与协调,社会舆论的沟通、形成和变化,社会价值观念的变动,社会整合或社会一体化等),还涉及各种现实社会问题(例如婚姻问题、劳动就业问题、青少年问题、妇女问题、老年人问题、住宅问题、人口问题、移民问题、民族问题等)。

从社会学分类看,从内容上讲,可分为一般社会学和专门社会学,或分为理论社会学和应用社会学。从方法上讲,除一般社会学外,还有比较社会学,就是从具体社会出发对两种以上的社会进行比较研究,探索社会发展和进步的规律。当前，社会学，已经广泛渗透到其他专门学科的领域中去，与其他专门学科的研究相结合，所以又发展了许多跨学科的专门社会学或应用社会学的分支学科。例如，城市社会学、农村社会学、经济社会学、政治社会学、法律社会学、教育社会学、医疗社会学、文艺社会学、新闻社会学、音乐社会学、体育社会学等。几乎各门学科和社会的各个重要方面都有专门社会学。城市社会学，要从社会学角度研究城市建设和城市管理问题。城市是经济和社会发展的产物。一个城市的结构是否合理，设施是否完备，以及环境、秩序的好坏，都反映着该城市的经济和社会的发展状况和程度，同时又影响和制约着经济和社会的发展。在城市建设中，要处理好规划、建筑、环境的相互关系，实现经济效益、社会效益、环境效益三者的统一。从社会发展、社会环境、社会条件、社会秩序、社会效益诸因素来研究城市建设和城市管理，是城市社会学的任务。又如经济学是研究物质资料的生产、交换、分配和消费等经济关系和经济活动规律及其应用的科学。而经济社会学，主要是研究经济与社会的协调发展；经济增长的社会因素；经济发展的社会后果；研究中国国力、民情、民俗，研究制定经济政策上的社会条件和依据等，结合种种社会因素来研究经济现象。又如音乐社会学，主要是研究音乐和社会的关系，包括社会变迁对音乐的影响和音乐对社会的功能等。总之,社会生活的各个方面都可以从社会学的角度去进行研究,所以说社会学研究领域是相当广泛的。

是"国货"还是"舶来品"

——谈谈社会学的由来和在中国的传播

我国的社会学研究，由于中断过二十多年，很多人是比较生疏的。有位同志向别人介绍有关社会学的书籍，在列举了中华人民共和国成立前我国的社会学家的若干著作后，他说："这是地道的'国货'！"也有的同志不同意这种看法，认为这些著作都是照抄照搬西方社会学的，不是"国货"，而是"舶来品"。

"国货"与"舶来品"之争，反映了对中华人民共和国成立前社会学研究的评价问题。

为了实事求是地评价中华人民共和国成立前的社会学，有必要简要回顾社会学的起源及其在我国的传播和发展。

社会学起源于西欧，蓬勃发展在美国。社会学的创立阶段是 19 世纪 30 年代至 19 世纪末。当时西欧的资本主义迅猛发展，生产关系不断变革，社会生活处于动荡之中，社会矛盾日益突出。农民破产、工人贫困失业、经济危机周期性发生等社会问题猛烈冲击着整个社会。在这种客观条件下，随着启蒙运动以来的社会学说和历史哲学的发展，以及资本主义早期社会调查的尝试，像自然科学认识大自然那样，人们试图认识社会，寻求解决社会问题的规律，于是一种崭新的学科——社会学便应运而生了。社会学界一般认为，最早提出“社会学”这个名称的是法国哲学家孔德(1798—1857)，大家公认孔德为社会学的创始人。实际上，孔德并没有真正创立这门学科，也没有对社会进行系统研究。在孔德之后，英国哲学家斯宾塞(1820—1903)力图使社会学具体化，力图建立一个独立的理论体系。斯宾塞社会学的特点是社会达尔文主义，用生物进化论来解释一切社会现象，认为社会的进化过程也是按照生物学“自由竞争”“适者生存”的原则自然地逐渐实现的。这说明，当时的社会学还是其他学科的附属物，没有形成自身的科学体系。社会学真正成为一门独立学科，有一套系统的理论和方法，对社会开展系统的研究，是在19世纪末到20世纪30年代实现的。主要代表人物有法国哲学家杜尔克姆(1858—1917)、德国哲学家韦伯(1864—1920)和美国芝加哥学派的学者们。杜尔克姆是西方社会学者中第一个指出社会学这门学科的具体的研究范围，创立了特定的研究方法的人。他在其名著《论自杀》中，就应用了统计学的技术，对各种自杀现象做了不同于个体心理学的社会学的解释。韦伯把社会学定义为理解人的行动的科学，指出社会学要认识的是社会行动，要从根本上说明社会行动的过程和影响。他提出了科层组织制度这样一个特殊的概念，也就是分级分部门分职责的组织管理制度，强调合理的科层制是现代社会的结构。芝加哥学派接受了西欧社会学家的影响，对创立社会学这门学科，开展大量的社会调查，进一步发展社会学，特别对建立和发展西方都市社会学，起了很大作用。总之，西欧和美国的社会学家创立和发展社会学，并把他们的理论和方法付诸实践，在研究社会行为、社会生活、社会问题上有一定建树。但是，他们是有很大阶级局限性的。他们只是从不同角度、不同方面对社会做某些剖析和描述，但是他们没有触及社会的本质，他们的基本观点是历史唯心主义的。一言以蔽之，他们是以维护资本主义社会制度为基点的，试图对资本主义社会的种种弊病采取修修补补的办法。

我国最早把社会学传入中国的是康有为、章太炎、严复等人。1891 年，康有为在广州讲学时，把“群学”即社会学作为学生必修的课程之一。1902 年章太炎首次翻译日本人岸本能武太的《社会学》出版。1903 年，严复把斯宾塞的《社会学研究》翻译出版，名为《群学肄言》，在当时影响最大。社会学作为一门学科，在中华人民共和国成立前主学通过大学教学和科研而存在并得到一定程度的发展。在20世纪20、30年代，一些革命家和进步人士还利用社会学这个讲坛宣传马克思主义。20世纪20年代，瞿秋白在党创办的上海大学就设立过社会学系，宣传革命理论。蔡和森于1923年兼任上海大学社会科学系（亦称社会学系）教授，以恩格斯的《家庭、私有制和国家的起源》为蓝本，结合我国历史，讲授“社会进化史”。许德珩在1936年出版过《社会学讲话》。李达在1937年出版过《社会学大纲》，对西方的社会学即当时所说的布尔乔亚社会学进行过批判。到1947年，全国已有22所高等院校设有社会学系、历史社会学系、社会事业行政学系。社会学的教学已从洋人包办、全用外国资料变为绝大部分由中国教授主持并兼用本国资料。

社会学传入我国后，一批持严肃治学态度的社会学家也曾努力将社会学的某些理论和调查方法用于研究中国社会的实际。如李景汉对北京人力车夫的生活和定县概况的调查，陈达、陈长衡、吴景超、杨开道、柯象峰、言心哲等人对人口、劳动、华侨、农村等方面的调查。费孝通于1936年在江苏省吴江县（今吴江市）开弦弓村进行了调查，中华人民共和国成立后，又于1956年进行了第二次调查，1981年进行了第三次调查，在英国皇家人类学会上做了题为《三访江村》的演讲。1949 年以前，学者在国民党反动统治下进行社会调查是困难重重的，甚至为了得到有限的真实资料，走访深山密林、穷乡僻壤。像费孝通同他的爱人王同惠在 30 年代前期去广西调查时遇险，王同惠献出了生命，这是我国社会学家为了祖国、为了事业忘我奋斗的壮烈事迹之一。

怎样评价中华人民共和国成立前的社会学呢？基本看法是：其一，社会学从 20 世纪初传入我国以来，主要是介绍了西方社会学的理论和方法，还没有形成自己的理论体系。有些社会学家试图为社会学中国化做过努力，但由于历史条件的局限，并未能实现。有些社会学家通过社会调查，提出了一些改造中国社会的主张，但是由于种种条件的局限，这些主张还未能触及社会制度的本质，而且也是难以实现的。其二，中华人民共和国成立前的社会学，是我国社会学史的一个阶段。这个时期在传播西方社会学知识上是有贡献的，在调查中国社会上做了很大努力，或是搜集和积累了不少有价值的资料，或是提出过一些有价值的见解，对于从不同侧面认识我国社会，是有一定帮助的。因此，应该把中华人民共和国成立前的社会学作为文化遗产的一部分加以考察，作为创立和发展我国科学的社会学的可资参考的资料加以研究。

“永久取用不竭的库藏”

——谈谈马克思主义在社会学研究中的指导作用

笔者听过几位西方社会学家讲社会学理论。他们不论是哪个学派，都很重视马克思的著作，并认为马克思是社会学创始人之一。有的引用了不少《资本论》的观点，认为《资本论》是重要的社会学著作。有一位学者风趣地说：“你们说马克思是重要的哲学家……你们错了，马克思是社会学家，是属于我们的。”

他们都是资产阶级学者，由于立场、观点的不同，他们对马克思著作的某些分析和评价，我们当然不能苟同。不过可以看到一点，他们对马克思著作相当熟悉，研究得比较细致。当代许多西方社会学者越来越重视研究马克思著作。英国著名学者博特莫尔和鲁贝尔专门编录了《卡尔·马克思关于社会学和社会哲学的论述》。这本书大段地节录了马克思的许多著作。这两位学者指出:“大量马克思的著作是社会学思想永久取用不竭的库藏。”

马克思主义的创始人虽然没有把自己的社会学说称为社会学,也没有想要建立一门类似于社会学这样的学科,但他们却十分重视研究社会,特别是致力于研究解决社会历史问题的根本途径。马克思主义包括哲学、政治经济学和科学社会主义三个组成部分,它们都是以社会为研究对象的,是一个完整的科学思想理论体系。正是马克思和恩格斯,在历史上第一次把对社会的研究变成了科学。我们虽然不能把马克思主义的全部社会科学的理论简单归结为今天的社会学,但是马克思主义的整个思想体系中,的确存在着极其丰富的科学的社会学思想。所以,应该说马克思和恩格斯是真正科学的社会学的奠基人。马克思主义的科学社会学思想,对于我们开展社会学研究的指导作用是多方面的。

首先是马克思、恩格斯所创立的历史唯物主义这一科学的社会历史观,对社会学研究起着主要指导作用。事实上,历史唯物主义是科学社会学的理论基础。历史唯物主义的基本原理,也是社会学的基本原理。列宁在《什么是“人民之友”》一书中深刻地批判了社会学中唯心论和形而上学的错误,分析了他们的社会历史观和方法论的种种基本特征。列宁说,像达尔文“第一次把生物学放在完全的科学基础上”一样,“马克思也推翻了那种把社会看作可按长官的意志(或者说按社会意志和政府的意志,都是一样)随便改变的、偶然产生和变化的、机械的个人结合体的观点,第一次把社会学置于科学的基础上,确定了社会经济形态是一定生产关系的总和,确定了这种形态的发展是自然历史过程”。马克思、恩格斯创立的历史唯物主义,就是对前人所作社会研究的科学总结,是研究社会学的理论基础。历史唯物主义的基本思想,就是把社会形态的发展看作是自然历史的过程。在各种社会关系中,经济关系即生产关系是最主要的、最基本的,其他一切关系,归根到底都是由生产关系决定的。一定社会的生产关系构成该社会的经济基础。在这个经济基础上,形成一定的思想观点以及按照这些思想观点建立起来的组织和设施,构成该社会的上层建筑。一定的经济基础和上层建筑的有机的统一,就构成一定的社会形态。历史唯物主义为广泛而深入地研究社会生活现象及其发展规律提供了最基本的观点和原理。我们知道,社会生活现象是形形色色、千差万别的。但这种种现象不是杂乱无章、互不相关的,而是有机地结合在一起的。建立在一定生产力基础上的生产关系如同社会肌体的骨骼,其他关系如同包裹在骨骼上的肌肉和筋腱。社会学研究的课题之一是人与人之间的交往关系,离开生产关系这个基本线索,而孤立地研究人与人之间的交往关系，就会走入迷宫。我们只有从种种社会现象和关系中分辨出哪些是主要的？哪些是次要的？哪些是决定性的？哪些是被决定的？才能揭示出各种社会现象之间的内在联系，才能科学地说明社会的结构和发展，从而正确地认识社会。因此，要保证社会学研究的高度科学性，就必须坚持社会存在决定社会意识、生产力决定生产关系、经济基础决定上层建筑等唯物史观的基本原理。

其次，马克思主义经典著作中的丰富的社会理论，对社会学研究起着重要指导作用。马克思主义导师们对于社会生活的许多领域都做过具体的分析和正确的论述，诸如劳动就业、职业分工、人口、文化、道德、民俗、民族、城市、乡村等。马克思、恩格斯在《共产党宣言》中，就对资本主义社会的法律制度、政治制度、宗教制度、家庭关系、社会关系等做了历史唯物主义的解释。马克思的《资本论》也是研究社会学的经典巨著。有人说马克思的《资本论》是资本主义的社会学，也有一定的道理。他不但着重从生产关系入手说明资本主义社会形态的结构和发展，而且对整个资本主义社会形态做了全面的、深刻的剖析。恩格斯的《家庭、私有制和国家的起源》《论住宅问题》《论权威》等著作，都给社会学研究提供了典范。毛泽东对于阶级、阶层之间的关系问题以及青年、妇女、道德、文化等方面的问题都有许多重要论述，特别是在我国进入社会主义建设时期的《关于正确处理人民内部矛盾的问题》和《论十大关系》等著作，系统地提出了正确认识和处理我国社会的各种社会关系和社会矛盾的理论，对于我们开展社会学研究，具有重要的指导意义。

再次，革命导师们亲自参加社会调查的实践，对于社会学研究也有重要的指导作用。马克思、恩格斯非常重视社会调查。马克思在创作《资本论》时，为了写其中关于英国劳工法的二十多页文章，竟把伦敦大英图书馆里载有英格兰与苏格兰调查委员会和工厂视察员报告的蓝皮书都研究过。马克思亲自拟出“工人调查表”，列出一百个问题，全面且系统地调查工人劳动、生活和与资本家做斗争的情况。这个调查表实际上是一个调查提纲，是马克思逝世前三年撰写的。马克思希望工人们能够按照调查表所出的题目来思考和回答问题，一方面可以启发工人的阶级觉悟，一方面使得当时工人运动的领导者能够掌握工人方面的第一手材料。恩格斯18岁写了一篇文章，题为《乌培河谷来信》，其中揭露了资产阶级对工人阶级的剥削压榨，描述了当地劳动人民的物质生活状况和精神状况，这是一篇有重要意义的社会调查。恩格斯用了21个月的时间，深入到英国工人中去，了解他们的生产、生活情况，了解他们的疾苦，写成了《英国工人阶级状况》这一不朽的革命文献。他为了写这部著作，深入到曼彻斯特市的各条街道，跑遍了所有工人居住区，访问了许多工人家庭。他在这部书的书名后面，专门加上一个“根据亲身观察和可靠材料”的副题。这是一部卓越的社会调查的著作，对马克思主义的创立和发展起了重要作用。列宁也很重视社会调查。他的一部重要著作《俄国资本主义的发展》，就是搜集了大量资料写成的。毛泽东不仅从事社会调查而且创立了一整套关于调查研究的理论和方法。他在第二次国内革命战争时期经过调查研究写出的《中国社会各阶级的分析》《湖南农民运动考察报告》等重要文献，为中国革命指出了正确的方向，奠定了以马克思主义和中国革命的实践相结合的基础。开展社会学研究，我们必须以马克思主义为指导，永远不要丢掉这个“永久取用不竭的库藏”。

“蚂蚁爬石像”

——谈谈什么是社会

茅盾在《蚂蚁爬石像》一文中有这样一段话：

我们人在社会中生活，我们人是渺小的，而社会是庞大复杂的，倘使我们也像蚂蚁似的只看见了社会生活的一部分而遽下断语，那我们也就成了爬石像的可怜的蚂蚁。

是的，我们不当那可怜的蚂蚁，我们要认识社会生活，首先要弄清楚什么叫社会。

社会这个词的来源有二：一是来自古代所谓的“社”。古代历来把“社”当作祭鬼神的场所。《孝经》上说：“社，大地之主也。”后来，“社”变成了人群聚会的地方。《红楼梦》第三十七回“秋爽斋偶结海棠社”，就是大观园的姐妹们商定定期聚会。二是日本人翻译英文时造出来的。英文是 Society，日本人译成“社会”传入我国。

抠名词是没有意思的，应该看看社会的实质是什么。无论什么人要维持自己的生存，都要从事物质生产活动；从事物质生产活动，就必然与他人相交往，建立一定的生产关系和与之相应的多种社会关系。马克思在《致巴·瓦·安年柯夫》信中说："社会——不管其形式如何——究竟是什么呢？是人们交互作用的产物。"他在《雇佣劳动与资本》中还说："生产关系总合起来就构成为所谓社会关系，构成为所谓社会，并且是构成为一个处于一定历史发展阶段上的社会，具有独有的特征的社会。"[①]社会的实质就很清楚了，就是人们以物质生产活动为基础的相互联系的总体。具体说来，社会有哪些基本要素呢？

其一，社会是以人群为主体的。人一时一刻也离不开群体生活。没有人群的社会是不存在的。《西游记》里所写的天宫里神的社会，是现实的人的社会的映象。《鲁滨孙漂流记》的主人公鲁滨孙，也不是一个与群体生活完全"绝缘"的怪物，尽管他在荒无人迹的孤岛上挣扎、奋斗了好几年，但仔细一想，仍与人类社会、人类群体生活保持着千丝万缕的联系。首先，他离不开黑人星期五。而他与星期五都是人类社会养育起来的人，他们是带着人类生产活动的大量经验和知识登上孤岛的，是靠了这些知识才活下来的。况且，鲁滨孙

① 马克思：《雇佣劳动与资本》，人民出版社 1961 年版，第 24 页。

带的武器、简单工具也是人类群体生活实践的产物。而故事的结局，仍是人类社会对他们的营救和他们又回到人类群体当中。由此可见，把鲁滨孙的经历看作冒险故事则可，若视为可以脱离社会而生存的证据，就大谬不然了。

其二，社会是以生产为基础的。人类的最基本的实践活动是生产活动，生产活动是“决定其他一切活动的东西”[①]。人群在生产物质生活资料的过程中，彼此形成了不以人的意志为转移的一定的生产关系，在此基础上，又形成了相应的政治、法律、伦理、宗教等上层建筑，构成了一定的社会形态。

其三，社会以人与人的交往为纽带。人们在交往中形成了错综复杂的关系。除了最主要的最本质的生产关系以外，还有其他关系。

一种是血缘关系。有血统关系的亲属都是血缘关系。为什么人们喜爱自己的孩子呢？就是因为有这种血缘关系。鲁迅当年很爱他的儿子海婴，有人讥笑他，他作诗回答道：“无情未必真豪杰，怜子如何不丈夫。知否兴风狂啸者，回眸时看小於菟。”

另一种是地缘关系。同乡关系就是地缘关系。“久旱逢甘雨，他乡遇故知”，“老乡见老乡，两眼泪汪汪”。可见乡土观念之深。我国封建社会持续时间很长，血缘、地缘关系的

① 《毛泽东选集》(第1卷)，人民出版社1952年版，第271页。

影响尤其深广。

再一种是业缘关系。同行关系、同事关系、师徒关系、师生关系、上下级之间的关系都属于业缘关系。以前，农民进城谋生，投亲靠友，久而久之，形成了某一地区从事某一行业的人很多的现象，把地缘关系和业缘关系结合起来。随着社会的前进和各项事业的发展，业缘关系越来越多。

不论血缘关系、地缘关系、业缘关系，无不受人们的经济地位的影响。在封建社会中，血缘、地缘、业缘演化为宗族统治、乡里统治、行帮统治，都成了加强封建剥削和压迫的工具、束缚人们思想的绳索。在资本主义社会中，赤裸裸的金钱关系占据着统治地位和支配地位，其他社会关系均“淹没在利己主义打算的冷水之中”。有人在中秋节时写文章说，现在不是“每逢佳节倍思亲”，而是“每逢佳节倍思金”。以前有一副对联“穷在闹市无人识，富在深山有远亲”，活画出了当时社会中人与人之间的利害关系。在社会主义社会中，我们应当怎样对待血缘、地缘和业缘关系呢？一方面要发挥它的积极作用，另一方面要限制它的消极作用。比如，我们主张建立幸福和睦的家庭，要尊敬和赡养老人，要关心和教育子女。这是对每一位社会主义国家公民的道德要求。但是，我们又反对把家庭观念置于组织观念之上，反对不顾国家利益、集体利益而单纯追求小家庭的利益，更不允许牺牲国家利益、集体利益来满足一己一家的私利。血缘、地缘、业缘关系都要置于实现祖国社会主义现代化的总目标之下，树立起新型的社会主义的人与人的关系。

社会生活现象是多方面的，人们在从事种种社会活动中结成的社会关系也是错综复杂的。如果说社会是一张网，个人就是网络上一个小小的绳结，他牵连着家庭、亲属、朋友、同事、组织等。如果说社会是浩瀚无边的海洋，人们不过是沧海中的一滴水。然而，人是万物之灵，他不仅能适应环境，而且可以认识环境、改造环境。研究社会学，就是为了努力认识我们赖以生存的社会环境，认识社会现象、社会活动的某些规律，从而找到解决社会问题、改造社会的最佳方案。

切莫“枉入红尘若许年”

——谈谈人的社会化

《红楼梦》第一回有句话：“无才可去补苍天，枉入红尘若许年。”这里说的红尘就是社会。人一生下来就与社会结下不解之缘，谁也摆脱不了。过去人们说看破红尘，去当和尚，其实当和尚也摆脱不开社会，少林寺还不就是个小社会。陶渊明诗云：“少无适俗韵，性本爱丘山，误落尘网中，一去十三年。”这里说的尘网是官场，可是即使离开官场也离不开社会。陶渊明回到家乡过着“采菊东篱下，悠然见南山”的田园生活，也离不开社会交往，君不见“奇文共欣赏，疑义相与析”嘛。想离开社会，只有离开人间，像莎士比亚用诗的语言所说的：“让生活走向永久的宁静。”人生在世，既然离不开社会，就要适应社会生活，就存在着社会化问题。

什么叫人的社会化呢？每一个人从呱呱坠地到参与社

会生活，都有一个发育成长的过程，一个学习、参与和适应社会生活的过程。也就是说，一个人从步入“红尘”之后，就要不断地学习社会长久积累起来的知识、技能和规范，发展自己的社会性，取得社会成员的身份，逐步接替老一代人的工作。这样，社会作为一个整体，持续不断，代代相传，才能使社会得以存在和发展。社会学把个人学习、参与和适应社会生活、发展自己的社会性的过程称为社会化。

研究人的社会化，必须搞清楚什么是人，什么是人的社会性。马克思在《关于费尔巴哈的提纲》中说过：“费尔巴哈把宗教的本质归结于人的本质。但是，人的本质不是单个人所固有的抽象物。在其现实性上，它是一切社会关系的总和。”[①]马克思指出了人的本质，也说明了人具有社会性。人作为一种“高级动物”，具有生物的属性，有反射、饮食和性欲等本能。但更重要的，人作为一个社会的成员，是有社会属性的。人的社会性，第一是工具的制造和使用。人类不同于动物，不能单纯依靠本能来满足生活需要。创造和使用工具是人区别于动物的标志，是人类劳动过程中所独有的特征。人们正是在使用工具进行物质资料生产过程中结成了相互关系，也就是生产关系。第二是劳动的计划性和自觉的能动性。马克思说：“蜘蛛的活动与织工的活动相似，蜜蜂建筑蜂

① 《马克思恩格斯选集》(第 1 卷)，人民出版社 1972 年版，第 18 页。

房的本领使人间的许多建筑师感到惭愧。但是，最蹩脚的建筑师从一开始就比最灵巧的蜜蜂高明的地方，是他在用蜂蜡建筑蜂房以前，已经在自己的头脑中把它建成了。”①恩格斯说：“人离开动物愈远，他们对自然界的作用就愈带有经过思考的、有计划的、向着一定的和事先知道的目标前进的特征。”②这种自觉的能动性表现在人与自然的关系和人与人的关系这样两个方面。人类正是依靠这种自觉能动性改造世界，改造自然和社会，并在改造世界的过程中改造自己。第三是社会生活规范。人类从衣食住行到参加生产，从家庭生活到参与国家大事，都是按照一定的生活规范进行的。这种生活规范是人类在社会生活实践中积累、创造、形成的。第四是人的阶级性。这是人的社会属性在阶级社会的反映。在阶级社会里，每一个人都在一定的阶级的地位中生活，人们的社会生活不可避免地受到阶级关系的制约。总之，人的社会性只不过是人的社会关系和社会行为所表现出来的特征。

社会化的目标和内容是什么？一般是指社会对儿童和青少年所实施的一切有教育作用的活动。因为社会化的重点是社会中未成年的个人。社会化的目标和内容主要有以

① 《马克思恩格斯全集》(第 23 卷)，人民出版社 1972 年版，第 202 页。
② 《马克思恩格斯全集》(第 20 卷)，人民出版社 1971 年版，第 517 页。

下几个方面：

一、传授基本生活技能。婴儿在吃奶时就同母亲开展“互动”，学说话。儿童慢慢长大，就要教他吃饭穿衣等技能。在幼儿期，社会化主要在家庭中进行，城市部分儿童则在幼儿园进行。除了家庭以外，邻里、亲朋，特别是儿童的游戏团体，对儿童都有很大影响。儿童游戏，抱着娃娃“过娃娃家”，用一种假想的社会生活来进行演习，更具有社会化的作用。儿童到了学龄初期，就要接受学校教育。在科学技术日益发展的现代社会里，社会成员必须学会一些科学文化知识，才能更好地适应社会生活。学校教育是有组织有计划地进行的系统教育，是人的社会化的重要途径。我国的宪法规定：“中华人民共和国公民有受教育的权利和义务。国家培养青年、少年、儿童在品德、智力、体质等方面全面发展。”通过家庭、学校和社会的教育，掌握自谋生活的能力，即职业技能，达到社会化的目标。

二、教导社会生活规范。社会生活规范是人的社会化的另一个重要内容。人生在世，一举一动，一言一行，都要按行为准则办事。这一套行为准则，就是社会生活规范，这是维持社会正常秩序的保障。在社会生活中，通过各种形式的教育与社会舆论的力量乃至强制性的手段，使人们逐渐形成一种信念、习惯、传统，用来约束人们的行为，调整个人与社会、个人与个人、团体与团体之间的社会关系。社会生活规范指导着每个社会成员如何参与和适应社会生活。即使如陶渊明说的“少无适俗韵”，也只是在某个方面不适俗，但是他并不能脱离当时的社会生活规范。每个人从童年到青少年的成长过程，也是学习社会生活规范的过程。社会规范是人类文化的一部分，体现了人类精神文明的进步状况。我们在社会主义现代化建设中，要建设具有高度社会主义精神文明的社会生活规范。

三、教导生活目标。一个人为什么活着，是人的生活目标问题，也就是人生观问题。引导青少年树立起为人民、为祖国、为社会主义现代化建设而奋斗的生活目标，是人的社会化的极端重要的问题。社会教育要求把社会共同的生活目标变成个人的生活目标，变成社会成员的自觉行动。这叫作“自我内化”。指点生活目标，对于人的青年期是非常重要的。一些心理学家，把人的青年期视为个人成长中的一个极为重要的阶段，把人的青年期称为“第二次诞生”，或称为“心理上断乳”。生理上的断乳，是指人在一岁左右时期，由于停止吃母亲的奶水，形成一次危机；而心理上的断乳，对刚步入社会的青年又形成一次危机。北京外国语学院四年级大学生冯大兴，从一个“学习尖子”怎样变为盗窃杀人凶犯的？当然，其原因是多方面的。其中，最重要的原因是资产阶级的极端个人主义和腐朽生活方式侵蚀的结果。在文化学习上，他有所长，但在灵魂上却是黑暗空虚的，他没有正确的生活目标，选择了极端错误的剥削阶级的生活目标。他在日记中写道："人的本性是自私的，周围的人基本上都在为自己谋利益……"，"破除依赖观念，别人的可以变成自己的……目标达到就好，什么手段都行"[①]。朝着这个目标，他走上了犯罪的自我毁灭的道路。这个严重教训说明，多么需要指点青年的生活目标啊！加强对青年人的教育，帮助他们健康地度过社会化的里程，是全社会的重大责任。

四、培养社会角色。社会结构是由许多社会关系构成的；而一定的社会关系又构成种种社会角色。社会化的最后成果，是为社会培养符合社会要求的社会角色。婴儿从认识父母开始，然后逐步扩大视野，在认识他人的同时认识自己。像老子说的"知人者智，自知者明"。自知什么？知道自己"扮演"的社会角色，知道自己的社会角色的变化。有的老年人教育他的儿子说："你要记住，你现在当了父亲了。"这话的意思很清楚，就是要儿子适应角色的变化。

一般说来，人们经过青年期，掌握了基本生活技能，"扮演"了一定的社会角色，走向广大的社会，就算初步完成了社会化过程。但是，这还不是社会化的全过程。一个人社会化

① 见 1981 年 7 月 11 日《中国青年报》。

的全过程，是从生到死的一生。从人的社会化过程看，儿童社会化发展最快，从少年、青年、中年到老年，人的社会化由快到慢。但到中年、老年，仍有继续社会化或再社会化的问题。日本东京大学名誉教授渡边茂提出“学习三万天”的理论。人生从1岁到27岁这一万天，为成长修业时代，学习基础知识，适应社会。从27岁到54岁这一万天，为不断积累整理知识的时代。从54岁到81岁这一万天，为充实时代，踏入圆熟的人生，进行思考总结。

应该看到，随着科学技术的飞速发展，知识陈旧周期日益缩短。据说在18世纪，知识陈旧周期为80～90年；19世纪到20世纪初，缩短到30年；近50年，缩短到15年，现在缩短到8～10年。因此，不断地进行学习，继续社会化、再社会化就更为重要。国外许多学者，工作一段后要重新回到学校学习，进行“充电”。学习包括读书和实践两个方面。有人提出要读两种书，一种是带字的书，一种是不带字的书，在社会生活实践中学习。现在，活到老，学到老，不仅是教人向上的格言，而且是势在必行的严酷的现实。终身制应该改为终身教育。

有人说，在参与社会生活过程中，每一个人都有一张知识网，也有点道理。处处留心皆学问，留心什么，就能网罗什么。有的人对自己的工作糊里糊涂，有惊人的健忘症；但对电影明星的言行，了如指掌。这就是由于知识网的不同。同样是理发师的社会生活，你的知识网网罗了什么？上海市的理发师张学明就学过素描、泥塑、美学、皮肤学、毛发学，掌握了理发的艺术和科学。同样是修脚师的社会生活，你的知识网网罗了什么？北京市的劳动模范刘振英，学过皮肤学、药物学、针灸学和外科知识，成了治脚专家。

同志，在社会化的过程中，您自己有一张什么样的知识网呢？

这里听不见“国骂”

——谈谈社会文化

前些年我到一个村去蹲点，住了半年。每天差不多有半天的时间参加劳动，登户访问，同村干部、社员朝夕相处。久而久之，我发现了这里的人很讲礼貌，不仅是对我如此，对年纪大的人都称“您老”，特别是听不见不堪入耳的骂街，听不见鲁迅所批评的那种“妈的”之类的“国骂”。这与城市里一些青年把“国骂”当作口头语的现象恰恰成了鲜明的对照。这种“国骂”不仅在口头上，而且充斥于文艺作品之中。我看到一篇短篇小说，主要人物为四个青年，三男一女，除女的外，三个男的均骂声不绝于口，仅“妈的”竟有十几个。好像不如此就不能反映现实生活。

我想，这个村离天津市只有几十公里，为什么在这一点上与市区迥然不同呢？是因为物质生活的差别吗？不是。

这个村的物质生活条件虽然也比较好，但还不如市区。究竟是什么原因？这是由于不同地区的社会文化条件不同。社会生活离不开社会文化条件。人类不仅生活在自然环境中，而且生活在自己创造的社会环境中。在社会环境中，社会文化条件是一个非常重要的因素。

社会文化是社会学研究的一个重要概念。什么是社会文化？据说国外关于文化的定义有一百多种。我国古代，文化就是文治和教化。我们现在日常生活中所说的文化，泛指一般知识，包括语文知识在内。

社会学所说的文化，从广义上说，是指人类社会历史实践过程中所创造的物质财富和精神财富的总和。从狭义来说，指社会的意识形态，以及与之相适应的制度和组织机构。

文化是一种历史现象，每一种社会形态都有与其相适应的文化，并随着社会物质生产的发展而发展。作为意识形态的文化，是一定社会的政治的和经济的反映。它反映社会发展的一定历史阶段在技术进步、生产经验和人们劳动技能方面，在教育、科学、文学、艺术、哲学、道德等方面，以及与之相适应的设施方面所达到的水平，并为一定历史阶段上的社会政治、经济服务，甚至给予巨大影响和作用于一定社会的政治和经济。社会文化，有以下几个基本特征：

首先是普遍性。古今中外，任何一个国家、民族、地区，没有文化就不能存在，没有一个人与文化完全绝缘。社会文化是一种无形的力量，时时刻刻影响着人们、指导着人们、约束着人们。像那个村讲礼貌，代代相传，相习成风，有人在这种环境下想“骂街”是张不开口的。

社会文化的第二个特征是团体性和民族性。一方面，任何个人创造的文化成果，都不是单靠个人凭空创造的，而是在汲取前人和他人的知识的基础上，经过自身的实践、体验、分析、综合而取得的，所以说它是人类智慧的结晶。另一方面，个人的创造必须为他人所接受，为社会所承认，才能成为社会的文化。例如，文艺家所创作的作品，无论多么完美、精粹，如果永远只供个人玩赏，锁在自己的抽屉里，或者如古人所说，“束之高阁”或“藏之深山”，永远不打算和公众见面，那么，这种东西就不会被社会所接受，更不会为社会所承认，因而就不能成为社会文化。随着人类各民族的形成和发展，文化又具有民族性。民族语言、民族心理素质、民族性格、民族传统和习俗等，都是民族文化的形式。一个民族的文化的特殊性，表现出一个民族的心理素质和民族群体的精神特征。这是一个民族的基本特征之一。当然，随着每个民族的社会制度的发展和改变，每个民族的社会生活都在不断发生着变化。

社会文化的第三个特征是继承性。文化的保存和发展是代代相传的结果。在漫长的历史岁月中,我们的祖先为子孙后代留下了丰富的文化遗产。那金碧辉煌的古代建筑,琳琅满目的石、陶、磁、铜、铁、金、玉等器物,浩如烟海的文献典籍等,形成了中华民族宝贵的文化财富。任何发明创造都是在继承前人经验的基础上产生的。正如科学家牛顿所说:"要说我看得远一些,因为我是站在巨人的肩上。"

社会文化的第四个特征是渗透性。这主要是不同文化之间的接触、影响和转化。社会文化的渗透,随着现代科学技术的发展,范围会越来越广,速度会越来越快,内容也会越来越复杂。其中,既有进步的、健康的文化交流,也会有腐朽的、有害的文化渗透。怎样促进进步的、健康的文化交流,抵制腐朽的、有害的文化渗透,是摆在社会主义社会学面前的重要研究课题之一。

在有阶级的社会中,社会文化具有阶级性。剥削阶级和被剥削阶级的文化是对立的,不同的阶级都利用自己的文化为本阶级的利益服务。

社会文化有主流与支流之分。我们通常把文化的支流称为副文化。在不同性质的社会制度下,副文化的性质是不相同的。一般说来,在先进的社会制度下,进步的、健康的文化处于统治地位,而腐朽的、有害的文化则处于副文化地位;在腐朽的社会制度下,腐朽的、有害的文化则处于统治地位,进步的、健康的文化则处于副文化地位或由副文化向占统治地位的文化过渡的状态。不过，新文化终究会战胜腐朽的旧文化，这种发展趋势则是必然的。

我们建设高度的社会主义精神文明，既要进一步提高我国教育、科学、艺术、卫生、体育等文化事业的水平，又要大大加强社会主义的政治思想和伦理道德的教育。要坚决抵制和克服资本主义、封建残余等各种剥削阶级的以及其他同社会主义制度相抵触的思想行为，把集体主义贯穿到社会行为和社会关系的各个方面去，使我国社会成员愈来愈广泛地树立起社会主义和共产主义的思想、道德风尚和劳动态度，树立自觉的遵纪守法精神和高度的组织性、纪律性，发扬崇高的爱国主义和国际主义精神。

友谊之花永不凋

——谈谈小群体

曾经，有年轻人问我，你们生在过去，在学校里受的是资产阶级教育，又不是苦大仇深的劳动人民，为什么参加地下党、参加革命呢？

其实，道理很简单，就是因为自己那时接受了一些新思想，学了一点马克思列宁主义。可是在“万家墨面”的过去，国民党进行严密的文化封锁，从哪里接受一点新思想，谁给你引引路？靠亲密的朋友、战友、同志。我们党的地下组织正是依靠党员、积极分子通过交朋友的方式，争取、团结、教育群众的。

朋友，这也是一种社会关系，在社会学概念中属于小群体的一种。我们要了解小群体，首先要了解人类的群体生活。我们知道，人类历来是过群体生活的，离群索居是不存在的。没有群体生活，就没有人类。荀子说："人之生也，不能无群。"又说："人力不若牛，走不若马，而牛马为用，何也，曰人能群，彼不能也。"其实，牛马也能为群，群体生活的习性并非人类所独有，在其他动物中也相当普遍。如人们所熟悉的蜜蜂、蚂蚁，它们都过着群体生活，而且有明确的分工和严格的组织。至于在高等哺乳动物中，如大猩猩，它们群体生活的习性，在某些方面接近于人类。不过人的群体生活与动物的群体生活是截然不同的。动物的群体生活是生物性的，是先天遗传的，是本能行为；人的群体生活是社会性的，是后天学习的，是按照一套社会行为模式结合在一起的。简单地说，动物的群体生活是一种个体遗传行为，而人类的群体生活则属于一种社会行为。

那么，什么是小群体呢？小群体是人类生活的重要单位，是按照一定社会行为模式结合在一起的一组人。因为一个人从出生那一天起，总是离不开小群体的。如果我们画一个图，以个人为中心，他的外围是家庭组织，在家庭的外围是他的朋友。在社会学中，把个人与他的朋友的关系称为非形式结构。在非形式结构外围是社会组织，社会组织叫作形式社会结构。在形式社会结构外围是整个社会。这样，在每一个人的周围都形成一个多层次的群体结构，其中，家庭、朋友等关系被称为小群体。

小群体的特点是什么？构成一个小群体，大致上有这样几个条件：①有少数成员。小群体的第一个特点是小，所谓小就是其成员少。多少算少，其说不一。有人说从两个人到十几个、二十几个人都可算小群体。②有面对面的互动。即成员之间相互交往。正因为群体小，才能面对面地相互交往。如果是一个一千人的大群体，一个人不论多么善于交往，也不可能与每一成员相互交往。③有共同的目标和利益。家庭成员之间有共同的利益，这是很明显的。亲密的朋友，志同道合，也有共同的目标。④有共同的生活规范。有的家庭婆媳不和，原因是多方面的，传统的影响、心理因素等，其中一条是生活习惯不同。一个陌生人半路加入一个新的小群体，要适应这个小群体的生活规范，是有个过程的。不适应，就容易发生不和。⑤有不同的身份和角色。在一个小家庭里就有父母子女等不同的角色，朋友之间也有不同的身份和角色。《三国演义》里“桃园三结义”，结成一个小群体，不仅三个人各有不同身份，而且相互间有长幼之分。⑥有持续较长的时间。一个群体，不是简单的个人集合体，而是一群人靠社会关系为纽带的合成体。人们的社会关系，要在人们的社会交往中形成。两个人一次邂逅，即使彼此有很好的印象，如果不继续交往下去，也形成不了社会关系。火车上同一车厢的乘客，互相聊天，一路上互相照顾，关系不论多么融洽,但下车后各奔东西,自然构不成一个小群体。社会关系是人们相互交往、相互影响的结果,并且这种交往和影响是多次重复的。

小群体如何划分呢?按照群体内人际关系划分,可分为首属群体和次属群体。一个人最早参加或经常参加的人际关系密切的小团体为首属群体;人际关系不大密切的小团体为次属群体。首属群体包括以血缘关系形成的家庭,以地缘关系形成的邻里,以业缘关系形成的工作小组,还有以志趣相投结合起来的亲密朋友。当然这几种形式所包含的具体情况是相当复杂的。俗话说:“远亲不如近邻”,就是说,有时邻里关系的亲密程度会超过家庭血缘关系;有时朋友关系的亲密程度会超过血缘关系和邻里关系。在社会主义制度下,业缘关系也很重要,因为资本主义社会那种尔虞我诈的利害冲突不存在了,共同的革命理想所结成的同志关系占了主导地位,人们之间的关系一般说来是和谐的、密切的。因此,对于社会主义社会的人际关系、群体结构的理解,决不能盲目搬用资本主义社会的一套,而要进行具体的、实事求是的研究。

一个人参与社会生活,处在小群体中,朋友是非常重要的。古人说:“独学而无友,则孤陋寡闻。”杜甫《梦李白》的“死别已吞声,生别常恻恻”,“故人入我梦,明我长相忆”;李白送孟浩然的“孤帆远影碧空尽，唯见长江天际流”；王勃送杜少府的“海内存知己，天涯若比邻”等名人佳句，都表现出感人的挚友深情。对于友谊的作用如何估价？培根把朋友看作可以通心的。他说：“除了一个真正的朋友之外没有一样药剂是可以通心的。对一个真正的朋友你可以传达你的忧愁、欢悦、恐惧、希望、疑忌、谏诤，以及任何压在你心上的事情。”达尔文把友谊看作高于一切。他说：“谈到名声、荣誉、快乐、财富这些东西，如果同友谊相比，它们都是尘土。”事实正是如此，友谊的力量，有时甚至可以决定一个人的终生事业。我国经济学家薛暮桥早年投身革命，“四一二”反革命政变后被捕，与当时的中共浙江省委书记张秋人关押在同一牢房。张被判为死刑，每天仍以惊人的毅力埋头读书。薛暮桥问他为什么这样做，他严肃地说：“我们共产党人，活一天就要为革命工作一天，在牢监里不能为革命工作，就要认真学习，不能坐以待毙！”这一席话，使薛暮桥受到巨大的思想震动，从此，他努力读书钻研。三年的“牢监大学”，为他后来研究政治经济学奠定了坚实的基础。

朋友之间的友谊，总要有一种纽带才能紧密连在一起。这种纽带就是，共同的理想和信念。1855 年，马克思的儿子夭折了，这对马克思是一个巨大的打击。他在给恩格斯的信中写道：“尽管在这些日子里我受到一切可怕的痛苦，但是随时在支持着我的，是我对你和你的友情的思念，以及我们两个人还可以在世上做一些有意义的事情这样一种希望！”

然而，朋友有好坏之分，好朋友称之为“良师益友”，坏朋友称之为“狐朋狗友”。明代学者苏浚在他的《鸡鸣偶记》中，把朋友分为四类：“道义相砥，过失相规，畏友也；缓急可共，生死可托，密友也；甘言如饴，游戏征逐，昵友也；利则相攘，患则相倾，贼友也。”这样分类是否妥当，也不见得。不论怎么分类，那种生活上互相关心、工作上互相帮助、思想上互相砥砺、事业上互相促进的好朋友值得大大提倡，而那些拉拉扯扯甚至沆瀣一气的坏朋友是为我们所不齿的。据一些调查材料证明，青少年犯罪的因素是多方面的，但许多青少年开始犯罪是在坏朋友引诱下发生的，这确是事实。这一切都说明，交友问题在社会生活中是十分重要的。

现实社会生活中，研究一下小群体的作用和交友之道是很有意义的。比如，如何发挥小群体的作用，如何把小群体作为团结群众、教育群众、组织群众的阵地，如何打破那些不正当的小山头、小团团、小圈子，如何积极调整小群体中的人际关系，增强团结，调动全体成员的积极性，看来都有必要结合实际进行研究。

我们一讲到做思想政治工作，常常想到的是开大会，领导出面做报告；开小组会，组织学习讨论；或者找有思想问题的人个别谈话，进行帮助。这些当然都是必要的，我们不排除这种种方法。我要提出的是，应当重视交友在思想政治工作中的作用，把政治宣传和思想教育渗透到社会交往中去。

她为什么哈哈大笑起来

——谈谈社会组织

报上曾登载过一则小材料：

某百货店一女售货员不慎将一摞碗摔到地上，摔得粉碎，竟哈哈大笑起来。

摔了碗不感到心痛，反而笑起来，这是为什么？道理极简单，碗是公家的。这说明她对社会主义的公共财物毫无爱护之心。这虽然是个别的例子，但也值得深思。

让我们从社会学的观点议一议这个问题。商店是个社会组织。一个商店的组织目标是什么？是发展经济，保障供给，促进商品流通，满足社会主义建设和人民生活的需要。这位售货员的行为恰恰违背了组织目标。

什么是社会组织？社会组织是怎么产生的？对社会组织的目标和章程如何分析？这都是社会学研究的课题。

所谓社会组织,是执行一定的社会职能,完成特定的社会目标,按照一定形式组织起来的相对独立的群体。作为一个社会组织,主要有两个基本条件,其一是每一组织都要执行一定的社会职能,完成特定的社会目标。比如工厂搞生产,商店搞供应,医院搞医疗,学校搞教学。其二是按照一定的形式组织起来。有一个一定人数的集体,集体内部有分工,集体成员的关系是互相依赖的。参加一个社会组织要履行某种手续。没有这两条,不管有多少人,也不能成为社会组织。商场里的顾客如潮,人声鼎沸;公园里游人如梭,熙熙攘攘。这一切都不是社会组织,因为他们都没有按照一定形式组织起来。"萍水相逢",就不能成为社会组织。

社会组织是人类历史上一定发展阶段的产物,是社会分工不断发展的结果。在人类的文明发展史上,由于生产力向前发展,引起了几次社会大分工;社会分工的结果反过来又为生产力的进一步发展开辟了道路。随着科学技术的进步,新的发明创造在生产过程中的应用,社会分工的范围越来越广,劳动的规模也越来越大,当社会分工的规模达到一定程度时,便会形成一个又一个的新的部门,这些新的部门就是社会组织。恩格斯在1890年10月《致康·施米特》的信中指出:"问题从分工的观点来看是最容易理解的。社会产生着它所不能缺少的某些共同职能。被指定去执行这种职能的人，就形成社会内部分工的一个新部门。”[1]恩格斯在这里说的社会内部分工的新部门，就是指社会组织。随着社会的不断前进，社会分工越来越细，社会组织也越来越多。

社会组织如何划分？国外学者有种种不同的划分方法。结合我国社会生活的实际情况，大体上可划分为经济组织、政治组织和文化组织三大类。经济组织，包括工业、交通、基建、农业、财贸等经济部门和企业单位。其特点是以经营社会的物质生产或服务于社会物质生活为主要任务。政治组织，包括党政各级机关，各级检察、司法机关，以及中国人民解放军和地方民兵组织。文化组织，包括科学、文化、教育、卫生各个部门和单位。这里说的文化组织是一个广义的概念。

社会组织作为社会生活的一个单位，靠着什么把人们聚集在一起？它的“内聚力”是什么？社会组织的“内聚力”，一曰社会组织的目标，二曰社会组织的章程。二者相辅相成，缺一不可。

所谓社会组织目标，就是一个社会组织预计实现的期望状态或理想境界。我们党的最终目标是实现共产主义。一个工厂、商店、学校、村镇都有各自的目标。但是组织的目标并不等于每个组织成员的个人目标。如何把组织目标变成

① 《马克思恩格斯选集》(第4卷)，人民出版社1972年版，第482页。

每个成员的个人目标,并使每个成员的个人目标服从组织目标,这是一个组织能否实现其组织目标的基本保证。全党在政治上与党中央保持一致,是加强党的战斗作用的一个关键。

组织目标又可以分为全局目标和局部目标。所谓全局目标,是指一个组织活动、经营的总方针和大方向,也就是从国家社会全局出发提出的要求。所谓局部目标,是指一个组织一定时期内的具体的方针和计划,也就是从组织局部出发提出的要求。总的来说,全局目标与局部目标是一致的,这反映了全局利益与局部利益的一致性。但是在执行中有时也出现问题。比如一个工厂,全局目标应是增加生产、提高质量、发展品种、降低成本、提高经济效益、为国家创造更多的财富。但在局部目标上有时会出现片面追求产值而忽视质量品种的现象。

如何把组织目标包括全局目标和局部目标以及组织成员个人目标统一起来,归根到底,涉及国家、集体和个人三者利益问题。当前,在经济改革中推行的各种形式的农业生产责任制、工业经济责任制和商业承包制,就是把国家、集体和个人三者利益结合起来,就是把组织目标包括全局目标、局部目标和组织个人目标统一包起来的好办法。过去,不少商店的服务态度不好,嫌顾客多。笔者亲耳听到顾客与早点铺售货员的一场争吵。顾客气愤地说:“从此以后,我再不到你这里来买东西了。”售货员回答道:“你越不来越好!”许多商店实行承包后,服务态度大改观,由怕顾客多变为怕顾客少了,甚至有的饭馆服务员站在门前招揽顾客了。公共汽车实行单车服务承包后,驾驶员和乘务员普遍以多载运乘客为目标,越站行驶和跑串车的现象大大减少,出车率和正点率普遍提高。实行各种经济责任制,最大的好处是打破了“大锅饭”,真正实现了多劳多得。从社会学的观点看,实行经济责任制,一个企业作为一个社会组织的整体性大大加强了。因为经济责任制关系到社会组织每一成员的切身利益,勤者感到有了奔头,更加勤奋;懒汉感到混不下去,振作起来。这样,每个成员都为同一的组织目标而奋斗。

社会组织成员是靠组织章程来维系的。所谓组织章程,就是一个组织的行为准则,包括组织目标、组织性质、组织成员的权利与义务、组织纪律、组织领导管理与活动方式等,组织章程中的关键问题是奖惩制度。任何一类组织为了发挥其工作效能,都必须有一套相应的奖惩制度和具体办法。奖惩制度的功能是鼓励先进,鞭策落后,制止违反纪律的行为。

社会组织是整个社会的有机组成部分。每个社会组织的“内聚力”加强了,积极性起来了,充满活力,我们整个社会就欣欣向荣,蒸蒸日上,社会的总目标就能更顺利地实现。

“看牙难”难在哪里

——谈谈社区问题

看过牙病的同志都有切身体会，看牙病比看其他病要难得多。

据我国口腔医学专家指出，我国口腔疾病发病率很高，以常见的龋齿为例，北京市成年人患龋齿的占55%以上，儿童占75%以上，平均每个人有4颗病牙，而口腔医学事业在我国却是一个薄弱环节。许多群众挂不上号，看不上病。造成这种情况的原因主要是口腔医生缺乏，设备质量差，材料落后。目前世界上一些较为发达的国家，口腔医生与居民的比例为1∶500左右；而我国大约是1∶40000，北京是1∶20000。

不过，何止是“看牙病难”？还有不少难呢：比如城市住房难、穿衣难、买菜难、到饭馆吃饭难、乘公共汽车难等，都不同程度地存在着。为什么这么多“难”,“难”从何来？从社会学角度分析,归根结底都联系到社区的结构问题。

什么叫作社区？这个概念是从英文Community翻译过来的。对于它的定义,说法很多。简单地说,社区就是由一定人口团体构成的相对独立的地域社会。它基本上包括四个要素:一是以一定生产关系为基础组织起来的人口集体;二是人们赖以进行生产、生活活动的包括环境、资源在内的地域;三是有一套适应该地区的生产和生活的制度和相应的管理机构;四是能维持该社区人们的物质、精神生活所需的工业、商业、教育、文化等服务中心。这样看来,社区是否等于社会,两者有无区别？社区是对社会在地域上相对独立性的划分,是社会的区划,是社会的组成部分。也就是说,社会划分为若干社区,若干社区联结起来构成整个社会。那么,社区作为社会的区划,与行政区划是否是一回事？这是两个不同的概念。但如以社区与行政区划地区比较,两者又常常是重合的关系,但不能等同起来。例如天津市作为一个大社区,天津市所属郊区变动过多次,河北省东南部的县如吴桥县等曾划归过天津市,难道因为行政区划的变动这些县都变成都市所属的社区吗？当然不行。社区具体如何划分？从相对独立性来考虑,在农村,一个村、一个乡一般都可算一个社区。在城市,城市市区和城市郊区可分别划为两种不同类型的社区。

社区研究首先要研究社区的人口结构问题。目前,西方社会学对社区的研究,着重抓四个环节,即人口、组织、环境和技术,实际上是研究人与自然资源的关系,是研究怎样保持生态平衡的问题。1982 年我国进行了非常成功的第三次全国人口普查,误差率在世界人口普查中是较低的。从我国人口状况分析,第一是人口迅猛增长的趋势已基本得到控制。从 1964 年第二次普查到这次普查的 18 年间,前九年年增长率高达 2.68%;后九年年增长率降低为 1.51%。同世界人口增长趋势相比,非洲年增长率为 2.9%,亚洲为 1.9%,拉美为 2.3%,大洋洲为 0.8%,欧洲为 0.2%。按我国现有的人口增长率,同党的十二大提出到 20 世纪末把我国人口控制到 12 亿以内的要求相比,还有较大的差距。第二是全国人口密度显著增加,地区之间的人口分布有所变化。第三是城镇总人口的控制收到一定成效,但还要继续控制。第四是少数民族人口增长的速度高于汉族。第五是我国人民的文化水平有所提高,但仍不能适应“四化”建设的需要。文盲和半文盲人口占总人口的比例,由 1964 年普查时的 38.1%下降为 23.5%。这次人口普查取得的大量资料为社区人口结构的研究提供了科学的依据。

社区研究还要研究农村社区与都市社区问题。凡符合社区的基本条件而又主要从事农业生产活动的，即为农村社区。凡符合社区的基本条件，而主要从事各种非农业生产和人口密集的，为都市社区。都市分类有两种标准，一是以人口多少为准，划分为大、中、小城市。二是以功能为标准，划分为政治、工业、商业、教育、旅游等城市。我国城市多数为综合性的。对农村社区与都市社区发展趋势，要深入进行分析研究。如农村社区大批专业户、重点户的出现，农业劳动力向非农业劳动流动等，这都是随着农村经济发展出现的新情况。现在全国已有大批农民离开粮田搞专业，从事养殖、加工、远销和经济作物种植和各业生产，为城乡市场提供丰富的农副产品，这是我国农村社区出现的极为可喜的新变化。又如都市社区如何发挥中心城市的作用？如何研究都市化（在农村大力开展多种经营，有计划地在农村发展一些中小型企业，围绕大中城市发展小城镇等）的趋势？如何防止由于人口过分集中而引起的许多社会问题？都是社区研究的重要课题。

社区研究还要研究社区的结构平衡问题，也就是社区国民经济结构（包括产业结构和消费结构的比例、生产设施和生活服务设施的比例等）保持相对平衡的问题。居民的消费结构与消费品的产品结构是互为因果的，决定居民消费结构的有两个因素，一是生产水平，二是在长期历史中形成的习惯，当然第一个因素是根本的。从一个社区讲，就有个社区人口与生活服务部门保持平衡问题。比如在城市边沿地区新建大批宿舍，但不少人宁肯挤在中心区，而不愿去住，因为这些地区没有安排相应的商业网点、学校、医院等，结构不平衡十分突出。为什么“看牙病难”？就是因为几万人才有一个牙科医生的这种结构不平衡。穿衣难、买菜难等一系列的“难”，都是结构不平衡的表现。从一个大社区来讲，人口与生活服务部门结构平衡问题，归根到底，是积累和消费比例关系的一种表现。

在生产得到进一步发展之后，这些“难”是否会迎刃而解呢？也不见得。这里一个基本问题是，我们城市发展所依据的每一计划都是单项的，每一计划所规定的指标互不相关，这就不可避免地会出现结构不平衡问题。在我们安排计划时也进行综合平衡，实际上只是根据人、财、物的指标把各项计划做些加减，但是各个局部之和不见得等于整体，局部的问题并不能说明整体的问题。问题暴露出来后即使是做些修补，也难免顾此失彼，“按下葫芦又起来瓢”。城市作为一个社区，是一个庞大的工业、商业、交通、市政、文教以及住宅的综合体，是一个包括若干子系统的复杂的系统。如何从城市总体出发，从整个社会需要出发，统筹安排，用科学方法进行科学管理，这涉及经济管理、市政管理，也涉及社会学问题。当然,这不是这篇短文能够讨论的问题。

我们生活在伟大社会主义祖国的国土上,我们要脚踏实地努力建设我们的社会主义的社区。每一个社区建设好了,我们的整个社会生活就会组织得更加科学化,我们的社会主义现代化建设的宏伟目标就会更快地实现。

应识庐山真面目

——谈谈阶级、阶层

宋代大诗人苏轼写道:“不识庐山真面目,只缘身在此山中。”此句一出,四方文士叫绝,有的说它状景奇特,有的说它富有哲理。其实,把这句诗视作文苑奇葩加以欣赏则可,视作某种境况的特殊感受亦可,借之警戒主观主义犹可,但若奉为具有普遍意义的哲学道理,就不妥了。因为,要想真正了解庐山,不到庐山跑一趟是不行的。“不入虎穴,焉得虎子”?在社会学研究中,要想了解社会结构的“真面目”,必须深入社会做一番实事求是的调查与分析。

在阶级社会,人不是一般地生活在群体里,而是生活在一定的阶级群体里。人的社会性,在阶级社会里,从本质上说就是人的阶级性。所以,研究阶级社会的社会生活,剖析社会结构,就必须分析社会的阶级和阶层。阶级是一定历史阶段上经济关系的产物。阶级斗争是阶级社会历史发展的直接动力。社会主义社会的总的社会目标，就是消灭阶级，并逐步实现人类的崇高理想——共产主义社会。这是早已被实践证明了的真理，是马克思主义唯物史观的常识。

我听过几位西方学者讲“社会分层”论。所谓“社会分层”，按照他们的说法，就是根据一定的标准把人们划分成高低有序的等级层次。西方资产阶级社会学家喜欢用“社会分层”这个概念来代替阶级概念。他们所依据的，都是韦伯提出的“阶级、地位和权力”三条原则，按照不同的尺度，把社会分成若干层次。韦伯这里讲的“阶级”概念，同我们的阶级概念不是一回事。他把“阶级”定义为“市场上的机会”，通常理解为收入多少。美国女学者华纳把美国社会分了六层，即最上层、上层、中上层、中层、下层、最下层。她提出区别这些层次的八项十九个特点：1. 职业。2. 收入多少。3. 收入的来源（靠财产继承还是工作报酬）。4. 文化程度。5. 生活方式，包括：①住什么样的房子；②该住宅坐落在城市哪一个地区、哪条街上；③有几处房子；④闲暇时间干些什么；⑤有哪些体育爱好；⑥去什么地方旅行；⑦朋友分布情况（本地、全国还是世界各地）；⑧消费情况；⑨穿着；⑩开什么车；⑪看哪些书报杂志；⑫参加何种社团、俱乐部。6. 宗教信仰。7. 政治态度、政治主张是什么，参加什么政党。8. 价值观念。她力图按照这些特点对各层人进行细致的描述。比如，她讲到上层人士，就说这些人一般是不看球赛的，而看歌剧和听交响乐，只有当他的母校球队参加比赛时才去观看。喜好看球赛的主要是中下层人士。她讲到穿着时，就说打扮得最时髦的是女秘书，比女经理穿得好。很明显，这种描述是十分肤浅的，不可能揭露阶级社会中人与人关系的实质，也不可能据此来说明阶级社会中发生的各种问题和各种现象。由此可见，“社会分层”论是完全错误的，它不能帮助人们看清社会的“真面目”，企图用这种“理论”取代马克思主义的阶级分析理论的尝试必然失败。

我们讲的阶级是什么？是指和一定的生产关系相联系的一些大的社会集团。我们都熟悉列宁关于阶级的定义，他说：“所谓阶级，就是这样一些大的集团，这些集团在历史上一定社会生产体系中所处的地位不同，对生产资料的关系（这种关系大部分是在法律上明文规定了的）不同，在社会劳动组织中所起的作用不同，因而领得自己所支配的那份社会财富的方式和多寡也不同。所谓阶级，就是这样一些集团，由于它们在一定社会经济结构中所处的地位不同，其中一个集团能够占有另一个集团的劳动。”①列宁指明了阶级的本质及其存在的基础，并提出了划分阶级的标准。而“社会分层”

---

① 《列宁选集》（第 4 卷），人民出版社 1972 年版，第 10 页。

论主张从职业、收入、文化程度、生活方式等方面划分“社会层次”，可谓细矣，然而唯独避开了人与生产资料的关系这一最根本的、决定性的因素，企图否定这是划分阶级的基础，他们用多元的分层尺度掩盖了社会不平等和剥削压迫的真正原因。列宁早就批判过按照收入或职业来划分阶级的错误观点。他说：“从收入来源寻找社会不同阶级的基本特征，这就是把分配关系放在首位，而分配关系实际上是生产关系的结果。这个错误马克思早已指出过，他把看不见这种错误的人称为庸俗的社会主义者。”[①]他还说过，把职业的差别同阶级差别混淆起来，把生活方式的差别同各阶级在整个社会生产制度中的不同地位混淆起来——这就清楚地说明时髦的“批评界”毫无科学的原则性，说明它实际上有抹杀“阶级”的概念和取消阶级斗争的趋势。因为同一职业的人并不一定属于同一阶级，不同收入的人也不一定不属于同一阶级，生活方式的差别更不等于阶级的差别。

那么，用“社会分层”论来划分社会阶层是否可以呢？我们说，这同样是完全错误的。阶级和阶层虽是两个不同的概念，但是它们又是紧密联系的。马克思主义者历来坚持必须把阶级分析贯彻到阶层分析之中。

毛泽东同志的《中国社会各阶级的分析》一文是在马克

① 《列宁全集》(第6卷)，人民出版社1959年版，第233页。

思主义阶级观点指导下进行阶层分析的典范。阶层分析是阶级观点的具体化。而"社会分层"论并不是在分析阶级基础上进行分层的，是不讲阶级观点的，而是根据种种琐细的"标准"进行表面化的归类，这就必然混淆和抹杀了阶级界限。

西方学者用"社会分层"论来否定工人阶级的革命作用，宣扬阶级调和或阶级融合论，并以此为根据，极力攻击和诋毁马克思主义。他们说，现代资本主义社会的阶级结构已经发生了变化，白领人数已经超过了蓝领，蓝领已经成了少数。因此，工人阶级不是多数，不再是现代资本主义社会的中心力量了。由此可见，"马克思主义的阶级理论已经过时了"。这种看法是站不住脚的。首先，蓝领工人相对减少了，整个工人阶级是否成了少数呢？事实并非如此。据美国人口调查材料，全国有两万多种具体工作并不直接按体力和脑力分类，而是分为十个不同的类别，然后把其中一些类别称为白领或蓝领。它们共分三大类：一类是白领，包括专业、技术人员，经理、高级职员和业主，办事员、销售人员等。一类是蓝领，包括技工和工头、机械操作工、杂工（非农业的）等。另外是其他人员，包括服务人员、农业工人、农场主。这里，"服务人员"被排除在蓝领分类之外。在"服务人员"这一类别中，包括照管房屋的工人、侍者、行李搬运工、传达、守夜人、看门人、电梯司机、理发师、厨师，甚至擦皮鞋的孩子等。而且在被认为是白领集团的办事员和销售人员中，有不少是做工人的工作，如邮递员就是办事员。其他如行李收发员、信差、收账员、报童、拍卖人、小贩等，都包括在白领范围之内，因而都叫作“中产阶级”。据美国安德鲁·利维森所著《工人阶级多数》一书统计，蓝领工人加上其他从事体力劳动的，真正的体力劳动的数字是在60%～62%。因此，在美国，60%是工人阶级。工人阶级不是多数的说法是不存在的。当然，我们并不否认，随着现代科技的发展，资本主义社会阶级结构的确发生了一些新的变化，比如管理阶层的出现，从事物质生产劳动的产业工人的人数相对减少，靠工资收入的中间阶层的扩大等。但是，这些变化并没有改变资本主义制度，万变不离其宗，没有离开资本主义的生产资料私有制，没有改变资本家对广大工人阶级的剥削和压榨这一客观事实。因此，马克思主义的阶级观点，马克思关于划分阶级的基本原则，并没有过时，它仍是我们解剖和认识现代资本主义社会的锋利的理论武器。

马克思主义认为，阶级结构是阶级社会的基本结构。对社会进行结构分析，首先要依据各自的经济地位进行阶级划分，说明各阶级的关系；其次，还要对阶级内部及阶级之间各阶层人们的关系进行分析，借以剖析社会结构，把握社会变迁和发展的趋势和规律。

当然，仅就西方社会学者进行社会调查和统计的方法来说，我们仍可以马克思主义的基本理论为指导，对其进行批判地分析，然后择其合理的部分，作为社会学研究的参考。对他们从事社会调查所积累的大量资料，也可进行批判地分析，像马克思当年利用英国的蓝皮书一样来利用它，以便研究现代资本主义社会。

爱情,味精

——谈谈社会互动过程

厨房里一位年轻的师傅给自己心爱的女友写了一封情书,开头说:"亲爱的,无论在握镬铲的时候,还是在炒菜的时候,我都想念你。你简直像味精那样缺少不得……"这不过是一则笑话,可是在我们的某些文艺作品里,真的把爱情当作味精一类的"佐料"了。夏衍同志批评这种现象时说:"目前,爱情题材的影片泛滥,有的影片毫无必要地加进爱情'佐料',有低级庸俗的倾向。"爱情是文学艺术包括电影艺术的重要题材之一,当然可以写,应该写,但要放在适当位置上。可是,如果在银幕上将爱情当作"佐料",当作吸引观众、片面追求影片票房价值的手段,以致爱情泛滥、恋爱成灾,是十分错误的。

为什么会出现这种现象呢?从社会学的角度看,它反映了社会文化的冲突。爱情是一种社会现象，不同的社会关系和阶级地位，必然有不同的爱情观。某些影片中描写的庸俗的性爱、“恋爱至上”“爱情决定一切”，反映了剥削阶级的爱情观。社会文化冲突是多方面的，电影艺术中关于描写爱情问题的争论，反映的正是无产阶级爱情观和非无产阶级爱情观的冲突。这种冲突是社会互动过程中的一种形式。

什么叫社会互动过程？我们研究社会，不仅要分析社会内部各个组成部分之间的静态关系，而且要分析动态的社会关系，把社会作为一个发展过程来分析，也就是研究社会过程。“社会过程”是社会学中一个重要概念。对这一个概念有两种解释：一是指整个社会发展的历程，如社会发展经历了哪几个社会形态，每一社会形态中又经历哪些历史阶段；二是指个人或团体之间互相作用的方式和历程，即社会学上称之为社会互动的社会行为模式，现代社会学家多数在后一种意义上使用“社会过程”这个概念，把社会过程称之为“社会互动过程”。

社会互动，是指人们彼此的相互行为，或者说是人们的社会行为。在我们日常生活中，一言一行，往往要涉及和影响他人，因而产生相互行为，这就形成了社会互动。你穿过马路，左顾右盼，躲避车辆；同时，司机也在注视行人，相应地调节自己的行为，这就是一种互动。你到商店买东西，一手交钱一手交货,这也是一种互动。开会讨论问题,你一言我一语,“横挑鼻子竖挑眼”,这又是一种互动。

社会行为千差万别,社会互动方式多种多样。过去有人把社会互动方式分为650余种之多,我觉得这种烦琐哲学是不足取的。那么,它的主要方式是什么?让我们仍以电影为例来说明。一部坏影片,受到社会批评,这是以冲突方式表现出来的互动。拍一部影片,有关部门积极协助制片厂,通力合作,这是以合作方式表现出来的互动。外国影片的演技,搬上了我国的银幕,这是以模仿方式表现出来的互动。评选最佳影片和评选最佳演员,这是以竞争方式表现出来的互动等。

社会互动的重要方式是冲突与协调。冲突是一种互相对立、互相反对、互相排斥的行为。社会冲突的直接原因是人们的权益、观点和态度的对立。一类是人民内部矛盾引起的,如家庭纠纷、邻居打架等。一类是阶级矛盾造成的。凡是对社会生活影响重大的大规模的社会冲突,往往是由于阶级压迫和剥削或阶级利益的根本对立造成的。比如武装的革命反对武装的反革命,是被压迫阶级推翻反动阶级统治、被压迫民族推翻殖民统治的主要斗争形式。也有的是同一阶级不同集团争夺权益的冲突,如军阀混战。文化冲突、意识形态方面的冲突,虽然不直接表示经济和政治权益的对立，但仍然是不同阶级、集团、民族或国家之间经济和政治权益对立的间接反映。各种社会冲突的性质是十分复杂的，要进行具体分析。两种不同性质的冲突不能混淆。

怎样对冲突进行分类呢？从冲突的规模上划分，有个人冲突和集团冲突。集团冲突既包含小团体之间的冲突，也包括民族、国家之间的冲突。从冲突的一般性质上分，有政治冲突、经济冲突、思想冲突、文化冲突、宗教冲突、宗族或民族冲突、军事冲突等。文化冲突是一种很广泛的冲突。它表现在人们的行为规范、生活方式、风俗习惯以及文学、艺术等方面两种文化体系的冲突。我国在实现社会主义现代化的过程中，就面临着复杂的文化冲突，一是外来文化与我国文化的冲突，一是现代文化与我国传统文化的冲突，而从根本上说，则是社会主义文化与形形色色的剥削阶级腐朽文化的冲突。我们应该在坚持四项基本原则的前提下，采取分析的态度，吸取古代文化与外来文化的精华，剔除其中的糟粕，坚持古为今用、洋为中用的原则。

有的同志认为，冲突总是一种不好的社会现象。其实，对冲突的作用要具体分析，有的有消极作用，有的有积极作用。以战争为例，就有正义战争与非正义战争之分。正义战争，如保卫祖国、反对侵略的战争，反抗霸权主义与殖民主义、争取民族独立与解放的战争，在社会发展中都具有巨大的积极作用。马克思说:"革命是历史的火车头。"革命就是通过阶级间的冲突进行的。所谓具有消极作用的冲突,主要是指那些对社会发展、社会生产与人民生活起阻碍作用和破坏作用的冲突,例如,林彪、江青反革命集团在人民群众中挑动的派性斗争、"全面内战",人民内部的无原则纠纷,一些别有用心的人在社会主义国家中煽动的骚乱,资产阶级思想泛滥所造成的某些破坏等,这类冲突有百害而无一利,我们应当坚决抵制和反对。

与冲突对立的是调适。调适是解决社会冲突的一种方式。调适是按照不同的原则调节个人与个人、个人与集团、集团与集团的关系的一种互动方式。冲突之后,必然继之以调适。调适的各种方式,直接影响着冲突的各种结局。

调适的主要方式,一种是和解。在冲突过程中双方不分胜负,但由于有了新的认识,或者经过第三者调解,双方改变了原来的对立态度,停止了冲突,叫作和解。过去我们在城市的街道里弄、农村建立了调解委员会,调解人民内部矛盾,取得了很好的效果。天津市各区由于恢复了调解委员会,1980 年共调解各类纠纷和轻微刑事案件 19775 件,1981 年上半年调解纠纷 8228 件,大量的民间纠纷及时得到了解决。第二种方式是妥协。由于谁都无法战胜对方,不得不暂时息争,而对立态度并未改变。妥协是各方提出一些条件,经过互相交涉或第三者调停以后，各自接受对方一些条件，从而停止冲突。比如，国际贸易谈判便是调适双方经济利益冲突的途径，谈判的结果往往是互谅互让，达成一定程度的妥协。第三种方式是统治与服从。冲突的结果，一方战胜一方。胜利者往往成为统治者，失败者往往成为被统治者，形成统治与服从的关系。但是这种关系不可能长久下去，有两种发展前途，一是重新发生冲突，再次进行较量；二是顺应与同化。人类历史的发展表明，一切反动的腐朽势力对先进的新生势力的统治只能是暂时的，其结果必然再次发生冲突，直至先进的新生势力推翻反动的腐朽势力，使自己占据统治地位，这是重新冲突、再次较量的例子。而无产阶级在战胜资产阶级和其他反动势力之后，对其中一部分成员实行教育改造，最终把他们改造成自食其力的劳动者，则是以顺应与同化实现调适的例子。

在社会主义社会中，研究社会互动过程，分析社会互动的方式，从中研究人的社会行为的规律性，从而自觉地掌握和指导人的社会行为，具有重要的现实意义。我们还应当研究竞争与合作方式的互动，发展社会竞争，促进社会合作，推动社会主义现代化事业的发展；研究冲突与调适方式的互动，正确处理不同性质的矛盾，协调人民内部的各种关系，促进社会的进步与经济、文化的繁荣。

煎饼馃子摊摆在哪儿

——谈谈社会竞争与合作

随着党的经济政策的贯彻,为生活服务的个体小商贩恢复了,在天津市街头比较多的是卖煎饼馃果子的。这些小摊摆在哪儿?有的摆在人来人往的交通要道,也有的就摆在早点铺门旁。

为什么摆在早点铺门旁?这是在同早点铺进行竞争,争夺顾客。因为在附近居住的许多顾客都投奔生意兴隆的早点铺,当顾客在早点铺遇上排长队而不愿等候时,或一眼看到热气腾腾的煎饼馃子比烧饼馃子更有引诱力时,便一转身奔向煎饼馃子摊。这样,小小的煎饼馃子摊便从早点铺那里争得了部分顾客。

社会竞争是一种重要的社会互动方式。从广义上说,社会竞争就是人与人之间、群体与群体之间为了同一目标而互相争胜。《庄子·齐物论》中讲到"有竞有争"。这里说的"竞"就是互相追逐的意思。人们为什么会发生社会竞争呢?主要有主观要求和客观差异两个条件。从主观上讲,人们不仅有满足自己物质需要的愿望,而且有满足自己精神需要的愿望,如荣誉感、取得成就的满足感等。不用说从事社会工作,连平时下一盘棋、打一场球,谁也不愿意输,而都希望赢。我国女排赢得世界冠军,振奋了千千万万人民的爱国主义精神,激发了我们的民族荣誉感。这在社会心理上会产生多么大的影响,是值得社会心理学家研究的。从客观上讲,人类社会生活的物质条件和精神条件的差异性是绝对的。这种差异性就会导致人们努力去争取。就以精神条件来看,人们的知识化程度是有很大差异的,这种"差异性"促使人们发奋学习。"书山有路勤为径,学海无涯苦作舟。"正因为"书山有路","学海无涯",所以人们在攀登书山和学海泛舟过程中就努力争取处于先进行列。"知足常乐",这是人们自我安慰的话。实际上人们常常是不满足的。当然因人而异,表现方面不同。有些人这方面不满足,有些人那方面不满足。但从总的来说,满足是相对的,不满足是绝对的。如果一切一切都满足了,不存有任何希望,没有任何竞争,社会生活就不能延续下去。

社会竞争是一种极为复杂的社会现象,在本质上存在着很大差异。研究社会竞争，首先要对各种竞争的本质做具体的分析。例如，研究市场竞争，就必须首先弄清社会主义竞争与资本主义竞争的区别。那么，社会主义竞争与资本主义竞争究竟有什么本质区别呢？第一，竞争的性质不同。参与社会主义竞争的是全民所有制企业和集体所有制经济组织，包括广大个体户，他们之间没有根本的利害冲突。社会主义竞争也可以说是一种特殊形式的社会主义竞赛，它体现了生产者之间的社会主义的互相合作关系。而资本主义竞争是资本家之间的弱肉强食和你死我活的争夺，是大鱼吃小鱼，是不断加强对劳动者的剥削。第二，竞争的目的不同。社会主义企业间开展竞争，虽然也同企业本身的利益有密切联系，但是主要是为了促进企业改进经营管理，提高经济效益，更好地满足社会日益增长的物质和文化的需要。资本主义企业之间的竞争，是为了争夺市场上的有利地位，获得最大限度的资本主义利润。第三，竞争的形式不同。社会主义竞争是在国家计划指导下进行的，它是社会主义国家更好地实行计划管理的一种工具。而资本主义竞争是盲目地、自发地进行的，竞争加深了社会生产的无政府状态。

与社会竞争相反的一种社会互动就是社会合作。合作就是两个人或两个人以上为了完成某一项工作或达到同一目的，自觉或不自觉地将其行为互相配合的一种方式。合作与竞争既是对立的，又是相辅相成的。合作可以推动竞争，提高团体的竞争能力。团结就是力量。内部同心协力的合作是对外竞争获胜的重要条件。反过来，竞争又可以促进合作。为了在竞争中获胜，就必须加强内部的团结。这是就两个团体讲的。至于一个团体内部，比如一个工厂内部的工人之间，班组之间，也是有竞争的，而且是竞争与合作并举。

合作的成立必须有一定的条件。第一，合作者必须有共同的目标和志趣。第二，必须有一定的物质基础。第三，合作必须有一定的知识和技术。

合作的方式，按照不同的标准可以分为两类。一类是直接合作与间接合作。你推车，我拉车，或大家共同做一件事，都是直接合作。你生产自行车，我生产自行车胎，这是工业与工业之间的合作。你生产，我销售，这是工业与商业间的合作。你种田，我织布，他盖房子给人住，这是整个社会生活范围内的间接合作。另一类是结构性合作与非结构性合作。结构性合作是有计划、有组织、预先安排好的合作，这是较长时间的固定性合作。机关、工厂、企业、团体等，凡是把人员组织起来，共同做一种事的，都是结构性合作。非结构性的合作是偶然的或临时发生的。凡是组织以外的都属于这一类，如两三个人自愿地结合起来研究某个问题或写一篇文章。我们社会主义国家，组织程度高，人与人之间不存在尔虞我诈的关系，而是互相帮助、互相爱护的关系，存在密切合作的良好的思想基础。从社会发展看，社会化的程度越高，社会合作越需要加强。任何重大科研成果，离开社会合作是不可能取得的。达尔文就说过："要是没有为数众多的可敬的观察家们辛勤搜集到的丰富资料，我的著作便根本不可能写成，即使写成了也不会在人们心目中留下任何印象。所以我认为荣誉主要应归于他们。"随着社会主义现代化建设不断前进，各种方式的合作必将得到进一步的发展。

流水须随山势转

——谈谈社会流动

“流水不腐，户枢不蠹，动也。”这是《吕氏春秋》上的话，说明了生命在于运动这一道理。这里，我忽而想到，人海一样的社会不是也需要流动吗？

社会流动，这并非笔者杜撰，而是社会学的一个概念。什么叫社会流动？西方社会学家在研究社会分层时，发现个人的社会地位是不断变动的，有些人上升，有些人下降。他们把这种现象称之为“社会流动”。社会流动是指人们从一个阶级向另一个阶级，从一个阶层向另一个阶层，从一种职业向另一种职业，从一个地区向另一个地区的位置移动。社会流动的前提是社会各阶级、阶层之间，各地区人们之间在经济、政治、社会地位和居住环境等方面存在着实际的差别。所有社会流动，都是社会阶级、阶层结构的量变过程。很明显，这种理论是为维护资产阶级统治服务的，它企图用阶级间的"流动"来涣散工人阶级的革命斗志，瓦解工人阶级的革命队伍。马克思主义认为，社会结构的根本变化，必须通过社会革命改变社会制度来实现。比如在资本主义社会，资产阶级与无产阶级之间的关系，是剥削与被剥削、统治与被统治的关系，要从根本上改变这种关系，必须通过无产阶级革命，而不可能指望阶级之间的个别成员的"流动"来实现。"流动"的结果，只是从工人阶级队伍中分化出一小部分工人贵族，而不可能改变工人阶级受剥削、受压迫的社会地位。除此以外，西方学者对于社会不同阶层间、不同职业间、不同地区间的"流动"状况的调查与分析，倒是值得我们重视和研究的。

在社会主义社会中，人们只有社会分工的不同，而没有高低贵贱之分。但是，事实表明，阶层之间、职业之间、地区之间的"流动"也是存在的。例如，随着科学文化的普及和生产技术的发展，很多青年农民、青年工人成为知识分子，这是阶层间的"流动"；随着人才使用的合理化和机构改革的推进，一部分人员从一种职业转而从事另一种职业，这是职业间的"流动"；随着边远地区的开发和生产力布局的合理化，大批有知识、有技术、有经验的工人、科技人员和教师志愿离开大城市到边远地区参加社会主义建设，这是地区间的"流动"。诸如此类的社会流动，在我们社会主义社会中，是很多的。研究各种社会流动的状况，掌握必要的、确切的统计数字，从中洞察社会流动的发展趋势和发现社会流动的某些规律，对于我们研究社会主义社会的结构，对于推进我们的社会主义现代化建设的事业，是很有益处的。

研究社会流动所获得的各种资料，可以作为检查党的方针政策落实情况的参考，也可以作为制定社会远景规划的依据，还可以帮助我们及时发现一些不利于“四化”建设、不利于安定团结的错误倾向，以便迅速采取措施加以纠正。

在这里，我们应当强调指出，社会主义社会的流动和资本主义社会的流动是两种性质不同的社会流动。资本主义制度下的社会流动是在私有制基础上自发进行的，是无计划的、盲目的。资本主义社会标榜社会流动“自由”，其实，这是谎话，那里的社会流动受到资本的钳制，是按照资本家和垄断财团的意志“流动”的。请问，在一个连人都商品化了的社会中，哪有什么“自由流动”可言呢！社会主义制度下的社会流动，是在公有制基础上进行的社会流动，总的来说是有计划、有组织地进行的，这是社会主义计划经济的性质决定的。这种社会流动，是受到广大人民的长远利益和社会的总体需要的指导和制约的。正因如此，我们更要研究社会结构变化的新情况和发展趋势，了解和掌握社会流动的客观规律。社会流动的趋向应当向生产发展所需要的那些部门、行业和地区有领导、有计划地进行，而不是盲目的、各行其是的乱动。

流水须随山势转，千沟万壑向东溟。在社会主义社会中，我们从事社会流动问题的研究，必须在马克思主义理论的指导下，必须从我国的具体国情出发，必须以有利于社会主义现代化建设为目的。这也正是社会主义的社会学与资本主义的社会学根本不同之处。

“香皂”的随想

——谈谈社会变迁

不久之前，我曾去香皂厂“走马观花”，听了厂里的同志介绍，看了琳琅满目的香皂样品，不由得引起了一些浮想。

香皂，不过是人类物质文明的一点一滴，但是透过它也能看到社会生活的一点变化。

我国古代劳动人民最早利用草木灰和天然碱作为洗涤剂，后来又利用皂荚、茶籽饼等洗涤去污。人类使用洗涤用品的一个飞跃是从使用肥皂开始的。随着肥皂工业的发展，各种香皂也应运而生了。鲁迅在1924年写过题为《肥皂》的短篇小说，那时的香皂是很新奇的。鲁迅在小说中做了惟妙惟肖的描绘。小说开始说四铭“耸肩曲背的狠命掏着布马褂底下的袍子的大襟后面的口袋”，接着写道：“他好容易曲曲折折地汇出手来，手里就有一个小小的长方包，葵绿色的，一径递给四太太。她刚接到手，就闻到一阵似橄榄非橄榄的说不清的香味，还看见葵绿色的纸包上有一个金光灿烂的印子和许多细簇簇的花纹。”小说最后又写道：“但到第二天的早晨，肥皂就被录用了。这日他比平日起得迟，看见她已经伏在洗脸台上擦脖子，肥皂的泡沫就如大螃蟹嘴上的水泡一般，高高的堆在两个耳朵后，比起先前用皂荚时候的只有一层极薄的白沫来，那高低真有霄壤之别了。”

如今，香皂早已不是什么新奇的东西了。香皂的香型繁多，花色品种不可胜数。我去的这个厂，就有 42 个品种，而且不断翻新。不仅有人们熟悉的各种花香香味，还有像海洋气候那样清新香味。比肥皂、香皂发展更快的是合成洗涤剂。人们可以针对不同洗涤对象、不同污垢及不同洗涤方法，使用不同性能的洗涤剂。在个人卫生方面，还有专用于洗手、沐浴、洗发等专用洗涤剂。

一滴水可以反映太阳。香皂的变化，反映了社会生产和社会生活的变化，而生产、生活的种种变化，归根到底构成了社会变迁。

何谓社会变迁？从社会学观点看，简而言之，任何社会生活的变化，都是社会变迁。由于生产方式的变革而引起社会形态的更替，这种急剧的、根本性的变化是社会变迁。社会生活方式的变化，社会组织、社会制度、社会管理的改变，这种局部的缓慢的变化也是社会变迁。社会意识形态的变化，社会风气的转变，也是社会变迁。人类社会是一个川流不息、万古常新的变迁过程。人们从生产到生活，衣、食、住、行，总是时时刻刻地在变化着。今非昔比，日新月异，社会历史前进的车轮从没有停步过。高尔基说过："在这个现实瞬息万变的时代，你越生活下去，也就越难懂得一切。"[①]研究种种社会变迁的现象，分析社会变迁的方式，考察影响社会变迁的各种因素，揭示社会变迁的规律，以便掌握改造社会的主动权，是社会学研究的重要课题。

社会变迁的研究内容和范围很广，大体上可以分为这样几种类型：

按社会发展的阶段来分，一种是社会形态的更替。这是社会变迁的主要类型。人类在地球上生存，大约有 200 万、300 万年的历史。恩格斯说："有了人，我们就开始有了历史。"[②]人类社会由野蛮到文明，由原始社会到奴隶社会、封建社会、资本主义社会，直至社会主义、共产主义社会，无时不处于发展变化之中。各种社会形态的变更，是该历史阶段中最根本、最重大的社会变迁。另一种是同一社会形态下不同阶段的演进。

---

① 高尔基：《工人阶级应该培养自己的文化大师》(1929 年 7 月)。

② 《马克思恩格斯全集》(第 20 卷)，人民出版社 1971 年版，第 374 页。

按社会变迁涉及的范围来分，可分为社会整体变迁和局部变迁。社会整体变迁是指社会制度或政权的改变。局部变迁是指对生产力与生产关系、经济基础与上层建筑的局部变革和调整。

按社会变迁的性质来分，有前进的变迁和后退的变迁。一般来讲，我们所说的社会变迁，主要指那些促进历史发展和社会进步的变迁。但是，也有一种变迁属于历史发展的曲折和暂时的后退，这是一种特殊的情况。我们相信，历史发展方向毕竟是不可逆转的，后退只是暂时现象。

社会变迁的形式有两种，一种是社会进化。进化亦称"演化"，是指事物逐渐向前发展的过程。这里说的进化不是社会达尔文主义的庸俗进化论。达尔文生物进化论出现之后，一些资产阶级生物学家企图把生物进化论规律搬到人类社会生活中来，建立所谓"社会达尔文主义"这是一种庸俗进化论。列宁在《唯物主义和经验批判主义》一书中尖锐地批判了波格丹诺夫用生物学来解释社会现象的谬误。马克思主义承认社会是有进化的。人类使用肥皂洗涤就是在物质文明上的进化。但是我们讲的社会进化与资产阶级学者所讲的庸俗进化论有本质的区别。社会发展的动因在于社会内部，即生产力与生产关系的矛盾运动。人类社会与自然界有不可分割的联系，但社会与自然有本质的区别，有它自己的特殊规律。社会进化只是社会变迁的一种方式,不是唯一的方式。社会变迁的第二种方式是社会革命,是指改造社会的重大历史变革。在阶级社会里,先进阶级推翻反动阶级的统治,用先进的社会生产方式去代替落后的社会生产方式,用先进的社会制度去代替没落的社会制度,并在新的历史条件下进行整个社会的根本改造,这就是社会革命。社会革命与社会进化的关系,实际上是质变和量变的关系。斯大林对这个问题讲得非常清楚。他说:"运动有两种形式,即进化的形式和革命的形式。当进步分子自发地继续进行自己的日常工作,使旧制度发生一些小的变化、量的变化的时候,运动就是进化的。当这些进步分子联合起来,抱着一个共同思想向敌人的营垒冲去,以期根本消灭旧制度,使生活发生质的变化,即建立新制度的时候,运动就是革命的。进化为革命做准备,为革命打下基础,而革命则完成进化,促进进化的进一步发展。"①

社会变迁的历史经验是极为丰富的。李六如同志有一部题为《六十年变迁》的著名长篇历史小说,描述了从清末变法维新以来 60 年的社会变迁。他在序言中说,是为了"使读者可以从前后对照、正反对照、黑暗和光明对照、资产阶级和工人阶级怎样领导革命的对照、错误和正确的对照当中,得

① 《斯大林全集》(第 1 卷),人民出版社 1953 年版,第 277 页。

到一个概念”,“后代年轻朋友,更可以从这些历史经验中吸取一些‘观今宜鉴古’的教训,发扬爱国主义精神和国际主义精神,为共产主义而奋斗”。现在,李六如描述的“六十年的变迁”早已过去,而中华人民共和国成立以来所提供的新鲜经验又有待我们研究。党的十一届三中全会以来,特别是党的十一届六中全会所做的《中国共产党中央委员会关于建国以来党的若干历史问题的决议》和党的十二大报告中关于实现历史性伟大转变的回顾,以及《邓小平文选》中关于历史经验的深刻总结,应当作为我们进行社会变迁研究的指针。

拿皮鞋掷

——谈谈社会问题

几年前，有一次我去一家皮鞋厂了解生产情况，那时皮鞋供应正是紧张的时候，这个厂生产搞得不错。一位厂长谈到厂里盖职工宿舍困难重重，到处受阻，只好用皮鞋拉关系。他说："实在没有办法，只好拿皮鞋掷……"

这是几年前的事了。我去那个厂了解的情况早忘光了，然而"拿皮鞋掷"这句话却言犹在耳，经久不忘。现在的情况有了很大变化，每年盖大批统建宿舍，一幢幢的宿舍大楼拔地而起，哪里有那么多皮鞋来掷！我相信这不是靠皮鞋之类的紧张商品掷起来的。况且现在许多轻工业品出现了买方市场，皮鞋也滞销，掷不出去了。

"拿皮鞋掷"，寥寥四个字却反映了社会生活中出现的所谓"关系学"。信奉这种"关系学"的人的信条是："与人方便，自己方便”，“凡事留一线，日后好相见”。不过，这种“关系学”绝不仅仅是彼此方便一下而已，往往成为滋生违法乱纪等犯罪行为的温床。因而，“关系学”问题已经成了一段时间内存在的社会问题。

社会问题，是社会学研究的一个重要课题。我们每个人随时都会感觉到社会问题的存在，也经常议论这类问题。但是究竟什么叫社会问题？是否社会上发生的大大小小的问题都叫社会问题呢？并非如此。从社会学的观点看，社会问题是社会关系或社会环境失调，使社会全体成员或部分人的正常生活受到影响，或使社会进步遇到障碍，因而引起了人们的普遍关注，需要动员各方面力量，采取集体措施加以解决的问题。社会问题是一种普遍存在的社会现象。不同社会存在着不同类型的社会问题。在没有进入阶级社会之前，由于生产力低下，食物缺乏，寻找食物以满足人的起码的生活需要，就是一个很大的社会问题。进入阶级社会以后，生产力有一定的发展，但又出现了许多新的社会问题。从马克思主义的观点看，生产力与生产关系的矛盾始终是人类社会的基本矛盾。而在不同的历史发展阶段，在不同的社会制度下，又有不同的主要矛盾表现。这些社会矛盾所反映出的种种现象是具有普遍性的，受到社会成员的普遍关注，并共同努力寻求解决办法，这些问题就成了该社会该阶段的主要的社会问题。从古至今,不论在什么历史时期,也不论在什么地方都存有社会问题。

对社会问题怎样分类呢?由于社会问题的范围很广,很难找出一个统一标准。大体说来,按照社会问题所涉及的地区来划分,可分为世界性的问题与地区性的问题。按照社会问题所涉及的人口来划分,可分为全人类和部分人的问题。按照社会问题的性质来划分,可分为敌我性质的问题和人民内部性质的问题。按照社会问题涉及方面来划分,可以有种种分法。从我国实际情况看,大致可分为经济问题、政治问题、制度问题、人口问题、劳动就业问题、群众生活问题、民族问题、宗教问题、妇女问题、青少年问题、老年问题、恋爱婚姻家庭问题等。当然,上述划分不是绝对的和固定不变的,而是相对的、发展的、变化的。各种问题之间也不是截然分开,互不牵扯的,而是相互联系、相互影响的。

社会主义社会存在的社会问题,与资本主义社会存在的社会问题,其性质是不一样的,解决问题的方法也不相同。社会主义消灭了生产资料私有制,消灭了人压迫人、人剥削人的现象,因此,除少数敌对分子兴风作浪造成的社会问题之外,绝大多数社会问题属于劳动人民在根本利益一致的基础上、在共同求得社会主义社会的繁荣和进步的过程中出现的社会问题,其解决办法只能是依靠社会主义制度本身的力量去有计划、有领导地解决。资本主义社会的社会问题则不同，其中有很多问题反映了资本主义社会所固有的本质性的矛盾，如经济危机问题、失业问题、精神毒品泛滥问题、贩毒吸毒问题、娼妓问题等，这些问题是资本主义制度本身产生的问题，因而也是资本主义制度本身所解决不了的问题；这些问题的解决，只有通过社会革命，消灭问题产生的根源，建立新的社会制度，才能够实现。西方社会学者对上述问题做过许多调查和研究，也开过许多企图解决问题的“药方”，然而都无济于事，其根本原因就在于没有抓住问题产生的症结，没有找到治本的方法。

各种阴暗现象，实际上也是一些社会问题。社会主义社会之所以存在着这类社会问题，是遗留下来的或残余影响的结果。因为社会主义社会毕竟是从资本主义脱胎出来的社会，我们的社会则是从半封建半殖民地社会脱胎出来的，旧思想、旧习惯、旧传统还会在很长时期内影响人们，它还会散发着臭气并且毒害我们。同时还应看到，随着国际往来的增多，资本主义的“污泥浊水”势必涌向我国，在我们社会中的某些角落和某些人身上造成污染。例如，崇洋思想和“一切向钱看”的思想有所滋长，少数意志薄弱的干部被腐蚀，刑事发案率有所上升等。当前，我们正在进行的打击刑事犯罪活动、打击经济犯罪活动的一系列斗争，正是为了解决这类社会问题，同时伴之以强有力的宣传教育和思想政治工作，我们相信，这类社会问题在较短时间内必定会得到解决。此外，随着社会主义建设的发展，也会出现一些新的社会问题，这类问题与上述问题是不同性质的问题。例如，城市人口控制问题、环境保护问题等。如北京市在1975—1979年间，人口机械增加已超过自然增长速度，共迁入36万人，比自然增加多15万人。广州市区在1978—1980年的三年间，人口机械净增达16万余人，相当于人口机械净增最快的20世纪50年代的净迁入数。这些现象应引起重视。从人口生存的环境方面看，由于城市人口增长快，分布不合理，加上工业“三废”，城市噪声处理不好，使得城市人口生存环境日益恶化。据有关部门对我国30个城市大气污染情况的调查，仅飘尘一项每立方米为0.08～2.6毫克。还有一种社会问题是我们工作失误造成的，例如，在“左”的错误思想指导下出现的经济结构比例失调问题，群众生活问题，文教卫生设施缺乏的问题等。

社会主义社会的社会问题，不论是在过去残余影响下出现的问题，还是社会发展中出现的问题，或是工作上失误造成的问题，都不是社会主义制度本身造成的，不是“不治之症”。有党中央的正确领导，有党的十一届三中全会以来正确的路线、方针、政策，摆在我们面前的社会问题是能不断地得到解决的。我们能在较短时间内，迅速地解决农村贫穷落后的问题，就是一个突出的有说服力的例证。只要我们紧密团结在党中央周围，认真坚持党的十一届三中全会、党的十二大所确定的路线、方针、政策，认真完成党的十二届二中全会提出的任务，就能够迅速地、有成效地解决我们面临的各种各样的社会问题，就能够更好地推进社会主义现代化建设事业。

交通规则及其他

——谈谈社会控制

交通警察是很辛苦的。他们站在指挥台上,一连几个小时执行任务,丝毫不敢懈怠。行人走便道,机动车走机动车道,自行车须靠右侧行驶;红灯停止,绿灯放行……保证这一整套规则的实行,就是交通警察的职责。近来,随着社会主义精神文明建设的发展,整顿城市交通秩序已成为一些大中城市所采取的重大措施之一。对于那些违章者,轻则批评警告,重则扣车罚款,造成严重后果的还要追究刑事责任。有人说,这是“多事儿”,“故意找麻烦”。其实,如果没有人去“找”这个“麻烦”,后果是不堪设想的,交通事故将会变成对每一个社会成员的严重威胁。为了保证社会成员的人身安全,为了保护国家财产,为了使社会生产和社会生活正常地运行,必须有一些不许逾越的行为规范。从社会学的角度来说，必须有一些必要的社会控制。

什么叫社会控制？社会控制的含义是指社会必须控制人的社会行为，也就是使人们遵守社会规范，维持社会秩序的过程。社会控制既包括社会、群体、组织对其成员行为的指导、约束或制裁，也包括社会成员间的相互影响、相互监督、相互批评。

在阶级社会中，正如社会规范带有鲜明的阶级性一样，社会控制也带有鲜明的阶级性，它是统治阶级加强自身统治的工具。我们研究社会控制，首先要对不同社会的社会控制的实质进行深入的阶级的和历史的分析。

在社会主义社会中，社会控制的任务是保护人民群众的利益，维持社会秩序，使社会生活正常运转和健康发展。为了维持有秩序的社会生活，为了保证社会生产和再生产的顺利进行，实行某些社会控制是完全必要的。可以设想，在城市里如果没有交通规则的控制，汽车、无轨电车等各种车辆可以自由行驶，横冲直撞，整个交通秩序就乱了套，社会秩序就无法维持。

人们讲到社会控制，就自然会想到限制和制裁。这无疑是十分重要的。社会主义社会中的社会控制，就是要对有害的社会行为加以限制，对违法乱纪的越轨行为加以制裁。但这只是问题的一方面，社会控制的另一方面是对社会成员进行教育和疏导，使他们了解社会的各种规范，懂得为什么要遵守和怎样去遵守这些社会规范。只有广大社会成员接受了这些社会规范，自觉地遵守社会规范，同背离社会规范的行为进行斗争，社会控制才能发挥强大的威力。

我们怎样实行社会主义社会中的社会控制呢？人们通常把风俗习惯、道德、舆论、法律、艺术、各种规章制度和体现国家权力的军队、法庭、监狱、警察等都称社会控制的方式和工具。社会就是运用这样多种多样的方式和工具进行控制的。社会控制方式，按它的性质来分，又可以大体上分为强制性的和非强制性的两种。

国家政权、法律和纪律是强制性的社会控制方式，在社会控制中发挥主导作用。国家政权是指国家的权力，即统治阶级实行阶级统治的权力，由军队、警察、法庭、监狱等暴力保证其实现。社会主义的国家政权的职能是对外防止别国入侵，保卫疆土的完整，对内保护物质生产资料的社会主义公有制和人民群众的正当权益，维持社会主义的社会秩序。政权是实行社会控制的基本力量。法律是国家意志的体现，是通过国家立法程序制定公布的，是依靠国家强有力的执法机关强制执行的行为规则的总和。法律在社会控制上具有强制执行的特性。纪律是指人们严格遵守社会或集体规定的规章制度，执行组织的决定和任务的行为规范，是社会或集体控制其成员行为的一种方式。如果取消纪律，社会和集体就会松散无力，成了乌合之众，甚至无法维持下去。严格的铁的纪律，是无产阶级事业成败的重要保证。

习俗、道德、舆论是非强制性的社会控制方式，对人们的社会行为具有程度不同的约束力。习俗是指人们在集体生活中逐渐形成并共同遵守的风尚和习惯。道德是人类在改造自然和调整人与人关系的实践中产生的行为规范的总和，是人们用以自觉控制社会生活、调节社会成员行为的准则。道德通常是依靠舆论和人们自己的信念来维护和贯彻的。道德是对人的思想行为的是与非、善与恶、正义与非正义、正当与不正当等进行评价的标准。道德比习俗有较强的约束力。在实际生活中，“不从俗”是常有的事，家家户户都过春节，我家偏偏不过，一般说来是允许的，别人也无可非议。但“不道德”就不同了，“不道德”的人要受到社会的谴责。道德败坏不仅是受到谴责，而且要绳之以纪律，甚至绳之以法律。道德作为社会控制的一种方式，对于社会主义社会具有十分重要的作用。随着精神文明建设的深入开展，道德的社会控制作用将日益强大。

“癌症”何其多

——谈谈社会制度

报载:某厂曾有 40 人持癌症证明,取得了退休福利待遇。一个厂怎么那么多癌症患者?经过调查揭露,40 人中有 39 人都是假的,有的是借用癌症患者的病历或取得空白证明书弄虚作假的;有的是串通医生伪造的。

伪造诊断证明,是一种十分恶劣的欺骗行为。这种行为是在资产阶级利己主义支配下产生的。但是,不能不说,它也与我们的某种制度有联系。首先是职工退休福利制度。职工如患有像癌症这样的不治之症,虽然不够退休年龄,也可以按退休处理,取得退休福利待遇。这说明我们社会主义国家对每一职工负责到底,是社会主义制度优越性的表现。可是,有些人却想钻这种制度的空子。要不要再制订一些具体补充规定来堵塞漏洞呢?是值得研究的。其次,联系到的是公费医疗制度。这种制度对保证劳动者身体健康是起了很好的作用的,但也不是没有缺陷。为患者伪造癌症证明的可能是极少数,但是为熟人大量开较贵重的药品,甚至为熟人随意开病假条的,可能为数不少。如何在执行公费医疗制度的同时,针对上述弊端做一些补充修正呢?这也是可以研究的问题。再者,对于一些行为恶劣而又屡教不改者,如何追究责任?这也是应当研究的问题。

你看,从癌症假证明联系到了退休制度、医疗制度、奖惩制度、法律制度等一系列制度问题。

在现实生活中,制度一词有三种不同的含义。一种是指社会形态,如资本主义制度、社会主义制度。一种是指构成社会整体的具体社会制度,如行政领导制度、经济制度、教育制度等。另一种是指社会组织的某些具体的规章制度。我们从社会学的角度研究社会制度,是以历史唯物主义为指导的,是以对不同社会形态的本质的认识为前提的,同时,这种研究又不能过于具体、琐细,因而,应该以对构成社会整体的具体制度的研究为主。

社会制度为人们提供了社会行为模式。每一种制度都要规定出所属成员应该做什么,不应该做什么;应该怎样做,不应该怎样做,以便使大家有章可循。这叫制度的导向功能。

社会制度对社会起着控制作用。按制度办事,就能限制偏离制度的越轨行为。

社会制度还可以促进社会整体化。一个复杂的社会,怎样有机地结合在一起呢?社会成员的行为靠什么来维系呢?就是靠一系列的制度。各种制度是互相联系、互相作用的。法律制度与经济制度就是互相依存的。法律是由一定的经济基础决定的,而经济制度又靠法律来维护。各种制度为社会需要服务,并不是通过它们各自的分力,而是通过它们的合力。为了减少青少年犯罪问题,单靠一种制度是不行的,要靠家庭制度、教育制度、法律制度等合力来综合治理,共同发挥作用。社会的各种制度相互联结、相互依赖、相互作用、相辅相成,构成一个有机的制度整体,叫制度的体系。依靠着制度的体系,使万千的社会生活得到维持、延续和发展。

认真地总结历史经验,研究制度体系的建设,是极端重要的。我们革命和建设所取得的一切胜利,都是同我们的制度体系建设分不开的。这充分说明,一个好的制度是我们组织队伍夺取胜利的根本保证。

加强制度体系建设，要注意保持制度体系的相对稳定。制度体系是由经济基础决定的。制度体系一经建立起来，就要适应经济基础发展的需要，保持相对稳定。人心总是思定的，制度体系不稳定，人心就会动荡不安。当然，随着客观世界的变化和主观认识的深入，制度总会不断修改和完善，但是，轻率地变来变去是不行的，朝令夕改是会坏事的。

过去在“左”的思想的影响下，超越了生产水平，胡乱改变制度，认为只有这样才能促进生产的发展，其结果恰恰是事与愿违的。历史已经证明，一切都“破字当头”是不行的，大破并不等于大立，只能使我们的事业遭到破坏。

加强制度体系建设，同时也要重视制度体系的改革。从党的十一届三中全会以来，党中央在拨乱反正的同时，也抓了一系列的改革，建立经济责任制就是一项重大改革，在农村建立以家庭承包为中心的责任制，取得了很大成效。不久以前，中央强调抓改革，强调全面而系统地改，坚决而有秩序地改。改什么？改革陈旧过时的阻碍生产力发展和社会前进的社会制度。就我们的机构和干部体制来说，存在的主要弊端和问题是：机构臃肿、互相扯皮、干部老化、效率很低。因此，改革的要求是：精简机构、缩减人员、调整班子、提高效率。就我们经济制度的改革来说，在计划和经营管理制度方面，相当一个时期受了外国模式的影响。这种模式在许多方面是不成功的，更不适合我国国情。通过改革，打破“吃大锅饭”的局面，充分调动人们的社会主义积极性，解放生产力，使国家和人民都能较快地富裕起来。一切改革的根本目的是破旧创新，使我们的制度体系为夺取社会主义现代化建设的胜利提供可靠的保证。

“收发室”赞

——谈谈社会工作

如果你长期做机关工作，一提起收发室，就会联想到文牍，雪片似飞来的函件，川流不息的材料，纷至沓来的报表，五光十色的报刊……分送这类函件、材料、报表，耗费了很多精力，有时把人忙得头昏脑涨！

本文讲的“收发室”，不是机关的收发室，而是一种“家庭收发室”。事实是这样的：北京市朝阳区金台北里有一座居民楼。过去，这个楼门口设有信箱，但被人砸坏，邮递员送信只能放在墙台上，居民常因丢失信件、报刊而叫苦。为了解决大伙的困难，一位 75 岁的退休老工人张大爷主动担当起 56 户居民的报刊信件收发工作。邮递员把信件统一送到他家，再由他分家分户送发。后来，他连挂号信、汇款、电报的收发工作以及订阅报刊工作都承担起来了。他承担这一义务十几年了，附近居民都热情地赞扬他这个“家庭收发室”。张大爷承担的“家庭收发室”工作，是一种闪烁着共产主义精神的社会工作。

什么叫社会工作呢？社会工作同社会学的关系是非常密切的，是应用社会学的一个重要组成部分。社会学要对种种社会现象、社会问题进行分析研究，揭示其发展变化的规律。社会工作就是预防社会问题的发生，解决各种社会问题，保持社会安定和正常活动的工作。

社会工作的范围是十分广泛的。凡能满足社会全体成员的物质生活和精神生活的需要，保证社会成员健康生活、全面发展的社会活动，都属于社会工作。社会工作有一套组织、制度和方法。

由于社会制度不同，社会工作的性质不同。随着资本主义日趋没落，社会病态丛生，社会问题成堆。为解决种种社会问题，社会工作相应地发展起来了。许多资本主义国家都自称“福利国家”“服务社会”，其实，他们的一整套社会保险制度、福利设施和社会救助方法，都是为了协调劳资争议，缓和阶级矛盾，适应垄断资产阶级的需要。这是一种修漏补缺的资产阶级的改良主义。我们社会主义制度下的社会工作与资本主义制度下的社会工作有着本质的区别。我们的社会工作是与建设社会主义现代化的目标紧密联系在一起的。

一切从人民的利益出发，最大限度地满足全体社会成员经常增长的物质和文化生活的需要，是我们社会工作的指导思想，是我们制定一切社会政策的基本依据。我们开展社会工作的基本要求是，正确处理人民内部的各种矛盾，妥善解决各种社会问题，使社会更加安定，树立良好的社会风尚，使人民生活更加幸福，不断推动社会的精神文明和物质文明建设。

我国社会工作的特点是什么？联系我国社会工作一系列的实践，第一是党的统一领导。在战争年代，革命根据地人民在党的统一领导下，在生产救灾、社会救济、战地服务、支援前线、拥军优属等工作方面做出了很好的成绩，为夺取革命战争的最后胜利做出了不可磨灭的贡献。在敌占区一些大城市，我们地下党领导和组织了社会救助工作，对团结教育群众、孤立敌人起了很好的作用。中华人民共和国成立后，当时国民政府给我们留下一个破烂摊子，在城市中到处是游民、乞丐、小偷、妓女，真是满目疮痍。我们在党的统一领导下开展了大规模的救灾工作和艰巨的社会改造工作。在短时期内取得了巨大成绩，使整个社会面貌为之一新。这是举世公认的。我们党根据广大人民的利益和社会的需要，制定各项正确的社会政策，组织推动各个部门贯彻实施。

第二是社会救济福利事业由专门机构管理和各部门分

散管理相结合。专门机构就是民政部门。各级民政部门是我国社会福利工作的行政管理机构，是党和国家解决一系列社会问题的职能部门。各部门分散管理是指政府各有关部门和人民团体的社会工作。如劳动部门就负责劳动保护和待业青年安置等工作。工会、共青团、妇联等人民团体中的社会工作，有的属于自身的工作范围，如工会的福利工作；有的则是要配合有关部门共同完成的，如妇联要配合教育、卫生部门做好儿童教育和妇幼卫生工作。从战争年代以来，我国的各级民政部门积累了丰富的工作经验；各个人民团体，密切联系广大群众，有坚实的工作基础。依靠各级组织，保证我们社会工作的顺利开展。

第三是发动群众，依靠群众，自己动手解决问题。这是我国社会工作的重要方针。齐齐哈尔市为了解决一些社会福利问题，采取“四点”的做法，即居民自己多干点，区、街自筹点，附近工厂企业帮助点，市里适当补助点。这样，多年来的“老大难”问题不同程度地得到了解决：自来水管道接通了，排水管道畅通了，雨天泥泞难行的道路修好了，住房难、上厕所难、就业难等都得到了一定程度的缓和。这个城市的龙沙花园在 1982 年冬举办的规模空前的冰景游览会，就是发动群众，艰苦奋战一个月，才建成的一座吸引当地群众和港澳同胞以及外国游人观赏的冰雕乐园。群众说：“大家看，大家干，大家做贡献。”

第四，建设精神文明和物质文明相结合，开展互助互济的社会运动。“一方有难，八方支援”。这是我国人民的光荣传统。从几年前唐山大地震后救灾工作中，我们可以看到社会救助工作有多么巨大的力量。大至自然灾害，小至里弄间家庭间一些困难，都是离不开社会救助的。这种助人为乐的社会救助事例是举不胜举的。

党的十二大报告指出：“我们不仅要努力提高每一社会成员的精神境界，而且要在全社会建立和发展体现社会主义精神文明的新型社会关系。这就是国内各民族之间、工人农民和知识分子之间、干部群众之间、军民军政之间以至全体人民内部的团结一致、友爱互助、共同奋斗、共同前进的关系。”[①]我们的一切社会工作都要从建设这种新型关系出发，都要体现这种新型关系，都要不断地发展这种新型关系，为建设社会主义精神文明而奋斗。

---

① 中共中央文献研究室编：《十二大以来重要文献选编》(上)，人民出版社 1986 年版，第 30—31 页。

从曹雪芹的一则笑话说起

——谈谈社会习俗

相传清乾隆年间，给上层人士做寿送礼的风俗甚重。有一回键锐营的都统赫老爷做寿，摊派本营各旗人员、兵丁都为他送礼。曹雪芹也请人挑两只酒坛，手托画轴前去祝寿。

赫老爷见曹雪芹登门，大喜，因为他素喜曹雪芹的字画，特命人将曹雪芹送来的酒启封，给每位客人斟上一盏，乘兴品尝。众人一喝，什么好酒，原来是白水。赫老爷却自欺欺人地说："真佳酿也！"曹雪芹哈哈大笑说："非佳酿也。"打开所送对联，上联是"朋友之交"，下联是"淡淡如水"。赫老爷哭笑不得，却自我解嘲地说："高！高！实在是高！圣贤有言，水淡而情浓，更显交情之厚也！"

这则笑话说明了曹雪芹不畏权贵，敢于向社会习俗挑战的勇气。社会习俗，这是社会学研究的重要课题之一。

什么叫习俗？习俗，就是习以为常，已经形成风俗习惯的社会行为规范，包括民族的传统习惯和日常生活习惯。习俗靠习惯作用约束人们的行为。习俗并没有明文规定，强迫人们去这样或那样行事，但是，人人都要循着这些无形的规范去生活。

各个民族的历史背景、文化传统、社会和自然环境不同，也有不同的习俗。节日庆祝、婚丧嫁娶、待人接物和生活方式等都各有不同的风俗习惯。

习俗有保守性和相对稳定性，但同时也要看到，习俗不是凝固不动、一成不变的，随着时代的发展和社会主导思想的变化，习俗也会在不知不觉中发生或小或大的变化，有的被抛弃了，有的被改造了，同时又会有新的习俗逐渐形成，这是一个潜移默化的过程。

社会习俗同政治观点、法律观点、道德、哲学、艺术、宗教等一样，是社会意识形态，是社会的上层建筑，是由社会的经济基础决定的。随着生产力的发展和科学技术的进步，社会习俗就会不断地发生变化。

我国人民在党的正确领导下，正在做出巨大的努力，来逐步改革旧习俗。有的地区针对民风、家风、村风方面存在的问题，发动群众制定村规民约，取得了很好的效果。村规民约把社会主义精神文明落实到千村万户，有力地改造着不良风气和陈规陋习。村规民约解决了许多法律管不了的民事、治安问题，促使社会秩序明显好转。事实证明，制定村规民约是移风易俗的好办法，也是进行社会控制的好办法。

“红薯干子换酒喝”

——谈谈社会消费方式

在1978年以前,南方某地的红薯生产占粮食作物总产量的40%左右,1983年只占10%。过去是“红薯汤,红薯馍,离了红薯不能活”,现在变成“白面条子白面馍,红薯干子换酒喝”。这个地区从实行责任制以来,农民生产积极性普遍高涨,生产面貌发生了根本变化。

从“离了红薯不能活”到“红薯干子换酒喝”,反映了社会消费需求的变化。人们首先要生存,然后才能发展,才能有丰富多彩的社会生活。当人们吃不饱时,吃是第一位的,首要的是填饱肚皮。在填饱肚皮后,人们就要改善食品质量,改变饮食结构,以致“红薯干子换酒喝”了。人们在穿不暖时,首要的是御寒。在这个问题解决之后,人们就要求改善衣着,讲究服装的色彩和款式,产生了对新颖时装的需求。

随着社会经济的发展，我国城乡人民消费水平不断提高。从吃的方面说，人均每天摄取食物热量就是一个重要指标。我国人民平均每天所必需的热量大约为2600千卡，1978年时尚未达到。这几年，由于粮、油、肉、蛋、糖、奶、鲜菜等食品消费量的提高，1981年我国人民每天平均得到的热量比三年前增加了350多千卡，增长了15.4%，基本达到了维持正常生理功能的需要。在用的商品中，耐用消费品也有较大增长。据天津市对500名职工的家庭生活调查，1981年与1980年相比，每百户居民拥有的电视机由54台增加到75台，手表由250只增加到259只，缝纫机由71架增加到76架，自行车由185辆增加到197辆，电风扇由18台增加到41台，录音机由6台增加到14台，沙发由44件增加到75件，洗衣机从没有增加到2台。近两年，随着农村经济的大发展，农民消费水平提高的幅度更大。

随着社会消费水平的提高，人们的价值观念也在发生变化。过去买肉，“挑肥拣瘦”，“挑肥”是第一位的。现在城市里主要是“拣瘦”，农村里也在从“挑肥”向“拣瘦”转化。不仅如此，从发展的观点看，人们对粮食的价值观念也会发生变化。人们历来认为，只有玉米、小麦、大米之类才能饱腹，其他食物都是可多可少、可有可无的，所以才有“主食”和“副食”之称。人体所需要的营养主要是碳水化合物、蛋白质、维生素、脂肪和无机盐类。一些科学家认为，不单是五谷，凡是能够维持生命正常活动和提供味觉享受的食物，都属于粮食。随着人们的食物结构的变化，粮食的概念也会发生变化。再以用的来说，手表的价值观念也在变化。中华人民共和国成立初期，城市中戴手表的只有极少数人，手表被视为高级消费品。如今，手表已被视为生活必需品。据 1980 年末统计，全国手表拥有量为 12765 万只，平均每百人有 12 只，其中城镇每百人有 49.5 只，农村每百人有 5.7 只。近两年，农村对手表的需要量增加很多。手表不仅被视为实用物品，而且逐渐以装饰品的标准来要求它。用户有城乡之别，年龄之差，性别之异，于是，手表的款式也多样化、精致化了。仅就女式手表来说，就出现了方壳女表、超小型女表、镀金表、项链表等。由此可见，社会消费的价值观念，是随着社会生活的变化而变化的。

随着物质消费情况的变化，精神消费情况也发生了很大变化。近几年，农村经济形势大大好转，农民的精神消费需求猛增，变化之快是非常惊人的。应当特别指出的，有以下两个特点：一是大量订购书报，追求丰富的精神食粮；二是开展健康的文娱、体育活动。例如，浙江省有 8 户农民集资开设电影院。湖北省一位农民同他叔叔一道办起了家庭提琴戏剧团。这两家共有 28 个人，其中能登台演出的有 18 个人。

湖北省一个退休的小学校长，先后购买了电视机、小型电影放映机和300多册图书，订了14种报纸杂志，办起了家庭文化室。上海市郊区一位农家姑娘攒钱去外省写生，博采众长，创作出2000多幅作品，并在镇文化馆办了个人画展。在城市里，人们的精神消费也有很大变化。有的城市已经出现了旅游热、集邮热、摄影热、音乐热。仅就天津统计，集邮爱好者就有10000人左右。为了更好地满足物质消费和精神消费的需求，服务业应运而生。例如，北京市中关村有个服务站，共有17个职工，却成为1800多户家庭的得力后勤。他们管送煤气罐、搬家、上门理发、护理病人、打扫卫生、看车等。这一类服务行业的发展，相应减少了人们的家务负担，从而引起消费方式的变化。

应当看到，人们的消费方式常常受到周围的人们，特别是同一群体的人们的消费方式的影响。国外社会学称之为"参考群体"。意思是说，同一群体的人们，在生活上常常是互相影响的。你怎么生活，我也想怎么生活。邻居家里有什么，自己也想添置什么，往往有着无形的影响力。这种消费示范作用在我国也是很明显的。过去，一般家庭很少有摆沙发的，自己虽然买得起，但也不愿意特殊；现在很多家都有沙发，自己的生活虽然比较困难，但也不甘落后，硬是想方设法做一对。近两年流行落地式电扇，有些人为了"赶时髦"，也硬是摆上落地式电扇。由此看来，社会加强对消费方式的正确引导，是非常必要的。随着我国人民物质生活的提高，我们需要什么样的消费方式？是亦步亦趋追求西方社会的消费方式，还是创造和发展我们自己的消费方式？我国著名的经济学家于光远同志提出，应该根据中国的特点，创造自己的消费模式。他还说，健康、愉快、舒适、能够发挥自己才能的生活，并不要求像现在许多西方国家那样消耗那么多的自然界的有限的资源。这个意见是很好的。总而言之，在建设社会主义现代化过程中，要注意对消费方式的研究和指导，要创造具有中国特色的、健康的、愉快的、舒适的消费方式。

从做衣穿到买衣穿

——谈谈社会研究程序

近些年来,越来越多的人从做衣穿变为买衣穿。据上海市统计,从 1976 年到 1980 年,全市纺织品零剪布销售额增长 59%,而服装销售额却上升了 141%。这是从《人民日报》记者关于穿着问题的调查报道中看到的材料。

怎样满足 10 亿人民日益增长的穿着需要?是社会研究的重要课题之一。让我们以此为例,说说社会研究的程序。

整个社会研究的历程大体上经过三个阶段:筹划阶段,执行阶段,总结阶段。每个阶段又可分为若干步骤。

第一阶段为筹划阶段。这个阶段可分四步。第一步是选定题目。我们笼统地提出调查群众穿衣问题是不够的。群众的穿衣问题的内容很多,比如:服装的式样、花色品种、型号、价格、销售、加工、生产等一系列问题,都在穿衣问题这个总题目之下。每次调查，主要想调查哪个方面的问题必须明确。这篇报道提出的是调查解决“穿衣难”的问题，这就明确了调查题目。选定题目，不仅要注意明确性，而且要注意重要性和可行性。比如，家庭问题是值得研究的，但如果耽于一些家庭生活细节，显然是多余的。如果所确定的题目很难调查清楚，或客观上不具备弄清问题和解决问题的条件，这样的调查也是没有多大意义的。

筹划阶段的第二步是初步探索。首先是收集文献，如翻阅报纸、杂志、档案资料、前人的研究成果等。其次是咨询，如找那些对所研究的问题有经验有知识的人进行了解。最后是观察个案。比如选两三个典型去进行实地观察。

筹划阶段的第三步是成立假设。在对选定的问题有了初步了解的基础上，自己就要对这个问题提出假设。这一步是必不可少的。任何科学研究都必须先有假设，社会研究也是如此。这是因为，第一，有了假设，才能初步划定研究范围，不然，漫无边际，没有界限，就谈不到研究。第二，有了假设，可以做到“胸中有数”，在调查中检验这种假设，看其是否与客观情况相吻合。第三，有了假设，更重要的是可以促使你在调查过程中开动脑筋，发挥主观能动性。如果没有假设，对所调查的问题没有什么想法，了解什么算什么，这就不叫社会研究了。应当明确，提出假设与带框框根本不同。带框框是主观主义的，是企图用客观材料充塞自己的主观臆断；假设则是在研究获取的实际材料的基础上，对问题做出初步判断，然后再把这种判断放到客观世界中去接受检验。

在提出假设之后，要进行理论解释和澄清概念。理论解释就是要求我们对假设讲出充足的理由来。对假设中的概念，如什么叫“穿衣难”，一定要弄清，否则不好开展研究。

筹划阶段的第四步是制订研究计划，包括研究的方式方法和步骤，时间安排，组织领导等。在制订研究计划时还要考虑量度变量问题。每一社会现象都有许多不同的值，如何量度，需要一一设计。如：

$$群众买衣服穿所占比重=\frac{一年内买衣服款数}{一年内添置新衣服用款总数}\times 100$$

这只是一项指标，还有许多基本指标，都要加以考虑。

第二阶段为执行阶段。如果用抽样调查方式，可以采取这样几步：第一步先做小规模的试验性研究。因为整个计划不一定可行或许多事情还没有预想到，所以先到点上试试看，如果不可行或发现问题，马上修改计划，然后再大规模研究。第二步是抽取样本。比如，其中一项是抽取 1000 户家庭样本，了解几年来家庭生活中群众穿着的变化，如自己做衣服多少，买成衣多少，让服装店加工多少以及意见要求。第三步是收集资料。收集资料有许多不同方法。如访问法，访问之前，事先设计好一组问题。用这种方法可以在短时间内拿到许多资料。又如观察法，就是实地看看，以耳闻目睹为主。再如收集档案资料，这里包括报纸、杂志、政府机关和企业事业单位的文件、表报、记录和书信等。第四步是整理文献。对收集的资料首先要进行校对，检查所收集的资料有无错漏，有错有漏及时补上。其次是简录资料，比如，抽样调查 1000 户家庭的衣着变化，事先拟定了 6 个调查项目，在调查中就应该把每个家庭的调查结果逐项记录下来，作为原始资料。最后是初步归纳，把在调查中取得的所有材料归纳到一起。

第三阶段为总结阶段。第一步是进行定性分析和定量分析。定性分析是从现象的质的方面进行探索，定量分析是从现象的量的方面进行考察。定量分析也就是统计分析，首先要把取得的数据资料加以简化。比如，我们调查 1000 千户家庭，每户调查 6 个项目，这样，就取得了 6000 个数据。这些数据不加以简化，则无法使用。

总结阶段的第二步是解释研究结果。从“穿衣难”的调查看，可以得到以下模式：

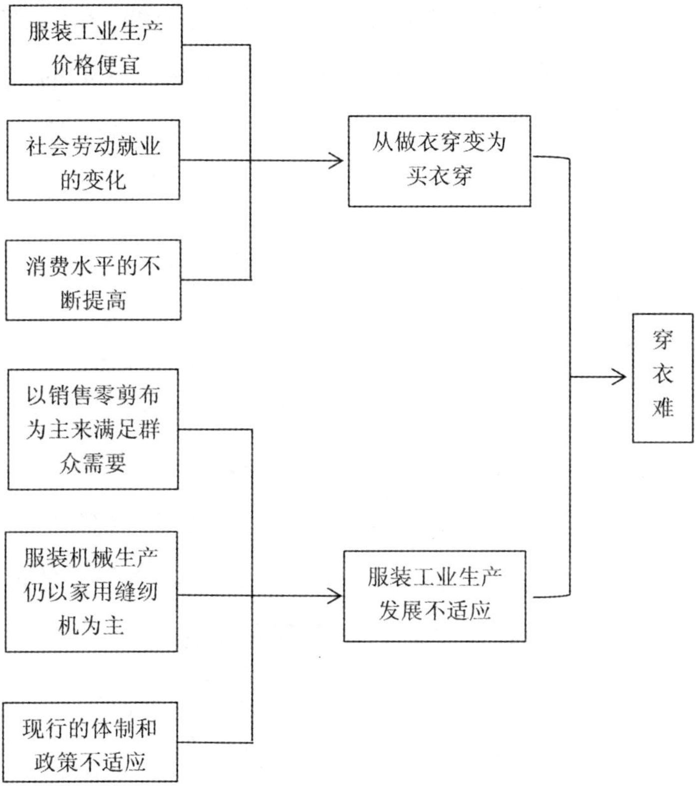

总结阶段的第三步是说明研究结果有什么意义。首先讲理论意义，其次讲实际意义。我们讲理论意义，并不是要求每一项研究都须提出什么高深的理论。从具体研究资料的研究中得出结论，把它推广于更大范围，对解决社会问题有一定的指导作用或参考价值，这就应当说，它具有一定的理论意义。例如，对于“穿衣难”的调查，是一项具体工作的调查，但是如果在这个基础上把穿着同社会变迁联系起来，阐明其意义，那么，就应当说，这项研究取得了一定的理论成果。在说明某项研究结果的意义之后，如有可能，还应提出新的研究课题，也就是在研究过程中发现的仍待解决的问题。如在对“穿衣难”的调查中，又可以提出研究改革服装工业生产管理体制的问题等。

以上仅以调查“穿衣难”为例讲了社会研究的一般程序。至于具体阶段、步骤的划分，也有各种划分方法，并不一致。但是不论怎样划分，这五步是必不可少的：一是确定调查研究的课题；二是做好研究的准备工作；三是采取各种方式方法收集资料；四是对资料进行科学分析；五是总结报告。总的要求是，社会研究程序要力求做到科学化。

两利相权取其重

——谈谈社会调查

1961 年夏，陈云同志在上海市青浦县（今青浦区）小蒸人民公社进行了一次农村调查。这是陈云同志在 1927 年搞过农民运动工作的地方。陈云同志去之前，由薛暮桥同志带了一个工作组先去调查了一周。此后，陈云同志又分别找与青浦情况相仿的和不同的地区的若干农村干部进行了调查，与青浦情况做了比较。陈云同志对养猪、种植以及许多经济政策问题进行了专题调查，对于存在的问题进行了科学分析，提出了切实可行的解决办法。陈云同志在调查种双季稻与种单季稻问题时指出，在小蒸地区种双季稻每亩共收 800 斤上下，种单季稻每亩可收 580 斤上下。两者比较，双季稻比单季稻每亩多收 220 斤上下。从表面上看起来，种双季稻确实可以增产，但是如果全面算账，种双季稻各方面损失很大，实际上并不合算。陈云同志具体分析了种双季稻与单季稻比较带来的直接损失以及间接损失，用确凿的事实说明种双季稻不如种单季稻。这里，陈云同志为我们提供了搞社会调查的范例。在日常工作中，我们往往简单化地从表面上看问题。既然双季稻产量高，就认为种双季稻好，而不是像陈云同志那样全面算账，全面比较，两利相权取其重，两弊相权取其轻。

什么是社会调查？它的含义并没有统一的说法。可否这样说，社会调查就是对某地理（或行政）区域的社会现象，用科学的手段和方法收集资料并进行科学分析，探索其因果关系，提出改进方案和建议。社会调查是我们认识社会和改造社会的重要方法。社会学研究的对象是社会，是社会现象、社会关系、社会行为、社会问题等，因此社会学研究的方法主要是靠社会调查。

社会调查最早始于 17 世纪下半叶的英国。其特点是用自然科学的数学方法来收集和整理社会情况的资料，以满足资本主义工商业贸易发展的需要。19 世纪下半叶，伴随着社会学的诞生，社会调查得到进一步的发展。20 世纪以来，社会调查在许多国家蓬勃发展起来。我们党历来重视社会调查。党的十一届六中全会通过的《关于建国以来党的若干历史问题的决议》指出："毛泽东同志从来反对离开中国社会和中国革命的实际去研究马克思主义。早在一九三〇年，他就提出反对本本主义，强调调查研究是一切工作的第一步，没有调查就没有发言权。”①毛泽东同志和老一辈无产阶级革命家进行社会调查解决中国革命和建设的实践问题，给我们树立了光辉榜样。

我们从事社会调查，大体上可以分为三种类型。第一类是描述性调查，主要是描述事物的过程，摆情况、成绩、问题，针对问题提出一些建议。这类调查研究只说明什么、如何，不能说明为什么。目前，我们在实际工作中进行的调查研究，不少是属于这种类型。第二类为因果性调查，主要是提出内在的因果关系，说明为什么。正如马克思在《资本论》中说的：“研究必须充分地占有材料，分析它的各种发展形式，探寻这些形式的内在联系。只有这项工作完成以后，现实的运动才能适当地叙述出来。”②马克思说的“探寻这些形式的内部联系”就是揭示这种内在的因果关系，揭示客观事物的规律性。社会现象的因果关系是十分复杂的。比如，影响工人积极性的因素是什么？物质生活各个方面，精神生活各个方面，领导与被领导关系、班组内人际关系等。我们不少调查研究在分析因果关系方面做得很不够，不深入、不细致、不

① 《中国共产党中央委员会关于建国以来党的若干历史问题的决议》，人民出版社1981年版，第47页。

② 《马克思恩格斯全集》(第23卷)，人民出版社1972年版，第23页。

准确。第三类是预测性研究。主要是对社会现象和社会问题的发展变化,对我们贯彻方针政策和重大措施所取得的效果,做出预测。我们在这方面的研究也比较少,往往是用领导者凭靠个人经验所做的直觉判断、推测、估计来代替科学的预测。我们在进行社会调查过程中进行预测,要有意识地避免这类情况出现,力求科学地、准确地把握客观世界的发展趋势。

搞好社会调查,首先要有科学的态度。我们进行社会调查,有时并没有取得正确的认识,甚至会做出错误的判断,这是为什么?首先是缺乏科学的态度,也就是缺乏实事求是的态度。实事求是,前提要有"实事",即有确切的、可靠的事实,然后才能从中求出"是"来。马克思从事无产阶级革命理论研究,从来是以搜集大量事实材料为基础的,他从不满足于间接得来的材料,总要寻根究底,不管这样做有多麻烦。即使为了证实一个不重要的事实,他也要特别到大英博物馆去一趟。反对马克思的人从来也不能证明他有一点疏忽,不能指出他的论证是建立在受不住严格考核的事实上的。恩格斯为写《英国工人阶级状况》一书,搜集了大量的确切的事实。正如他在序言中所说:"我要毫不迟疑地向英国资产阶级挑战:让他们根据像我所引用的这样可靠的证据,指出哪怕是一件多少能影响到我的整个观点的不确切的事实吧。”[①]

我们的社会调查，有不少是以大量的确切的事实为基础的，但也有相当数量的调查所搜集的事实是不充分、不确切的，甚至对“事实”采取各取所需的态度，带着观点找事实，带着框框找例子，以此来证明自己的观点、领导的意图、固有的结论和既定的决策的正确性。很明显，这种调查方法是不正确的、反科学的。列宁说：“在社会现象方面，没有比胡乱抽出**一些个别**事实和玩弄实例更普遍更站不住脚的方法了。罗列一般例子是毫不费劲的，但这是没有任何意义的或者完全起相反的作用，因为在具体的历史情况下，一切事情都有它个别的情况。如果从事实的全部**总和**，从事实的**联系**去掌握事实，那末，事实不仅是‘胜于雄辩的东西’，而且是证据确凿的东西。如果不是从全部总和、不是从联系中去掌握事实，而是片段的和随便挑出来的，那末事实就只能是一种儿戏，或者甚至连儿戏也不如。”[②]列宁这段话讲得非常深刻。

搞好社会调查，还必须有科学的方法。在社会调查过程中，如果方法不当，同样不能取得正确的结论。我们要有什么样的科学方法呢？应当强调指出，坚持唯物辩证法，全面地看问题，具体事物具体分析，是我们进行社会调查，研究一

① 《马克思恩格斯全集》(第2卷)，人民出版社1957年版，第279页。
② 《列宁全集》(第23卷)，人民出版社1958年版，第279页。

切社会问题的根本方法。要真正做到实事求是，一是切忌主观性，在认识上如实地反映客观事物的本来面目；二是切忌片面性，从联系中把握事物，研究事物的一切方面、一切联系和“中介”；三是切忌表面性，不要只见现象，不见本质。

我们党不乏系统地、周密地进行社会调查的典范。1942年，张闻天同志领导、组织和参加了米脂县杨家沟调查。为了了解该地区一马姓地主集团的剥削情况，他翻阅和核算了近百年的大量地租、商业、高利贷账簿，收集了大量的系统的周密的资料。20世纪60年代国民经济调整时期，李富春同志曾主持北京市第一机床厂调查，从建设规模、人员状况、产品品种质量、工具制造和管理、物资供应和销售、财务和成本、工资和奖励、企业管理体制和职工生活状况等，都做了系统的调查。这就为科学分析打下了基础。

社会调查的科学方法，要求重视定量分析。随着现代科学技术的飞速发展，数学方法、统计方法以及先进的计算工具——电子计算机等，都可用于社会调查，使我们的调查方法日益先进。尽管许多社会现象难以计量，但是也要向定量化趋势发展。

得奖的机会有多大

——谈谈社会统计

中华人民共和国成立以来，我国实行了有奖储蓄的办法。我们每个人参加有奖储蓄，是作为支援国家建设而采取的一种储蓄方式。

假如你想知道得奖的机会有多大，了解了得奖的概率就清楚了。如果某一事件发生的概率是P，那么事件不发生的概率就是1－P。1981年某市举办的定期有奖储蓄，每组共10万个号，设头等奖2个，二等奖50个，三等奖400个，四等奖5000个，合计5452个得奖名额，因此每一张储蓄券的得奖概率是0.05452。因为一年开奖两次，所以一张储蓄券总的得奖概率是P＝0.05452×2＝0.10904，即10.904％。买一张储蓄券得头奖的概率是十万分之二，即0.00002，按一年开奖两次，再乘2，为0.00004。如果你存入10张，那么你得头

奖的概率就是 $1-(1-P)^{10}=(1-0.00004)^{10}=0.0007999$。

概率论是数学的一门分科，它为社会统计提供了基本原理。我们要学习社会统计，首先要了解什么是概率，什么是随机现象等基本概念。概率告诉我们某事件发生的可能性有多大，或者说某事发生的机会有多大。因此也可以说，概率是关于机会的科学。在自然现象和社会现象中，有一些现象就其个别来看是无规则的，但是通过大量的试验和观察以后，就其整体来看却呈现出一种严格的非偶然的规律性。这些现象称为“随机现象”。例如，一个充满气体的容器，由于气体分子间的杂乱碰撞，每一个分子的运动速度和方向都是随机的。但是实验表明，这群分子的总体对器壁的压力却表现出一种非偶然的规律性，那就是总的压力几乎是一个确定的值。又如，在掷钱币的游戏中，每次出现正面与反面虽然是偶然的，但大量重复时，出现正面的次数与总次数之比却必然接近于确定数值的二分之一。概率论就是从数量的角度来研究大量的随机现象，并从中获得支配着这些随机现象的规律。

社会现象大量的属于随机现象。我们的各项工作都是面向社会、为社会服务的，因而常常受极其复杂的社会因素的影响，在不同程度上具有随机的性质。

社会统计，通过研究大量社会现象的数量特征、数量关系和数量变化，来揭示社会现象的本质及其规律，为制定社会政策和解决社会问题提供科学依据。辩证唯物主义告诉我们，世界上一切事物都是质和量的统一，都有质的规定性和量的规定性。社会现象同自然现象一样，也同样存在着质的规定性和量的规定性。社会统计就是通过对社会现象量的规定性的分析研究，来把握其质的规定性。

前面已经讲到，社会现象大量的都属于随机现象，属于非肯定型的。同自然现象相比，社会现象更为变幻莫测。社会现象之所以比自然现象更为复杂，首先是因为社会现象离不开人，社会现象是由具有主观能动性的人们之间的频繁活动所造成的。而人们的思想不是凝固的、静止的、一成不变的，而是随着客观世界的变化而经常变化的。因而，由错综复杂的社会关系造成的“合力”——社会现象，必然纷繁复杂，变化多端。此外，很多社会现象是难以度量的，它们不像自然现象那样可以借助科学仪器进行观测。这就给社会统计带来了很多困难。解决这一问题的方法，就是将社会现象指标化，确定社会现象的量。比如，对中日女子排球队战斗力的统计对比，就有人设计了八项因素、十五项量度指标。身体素质因素包括反应速度、跳跃能力、移动能力、耐久力；技术、战术包括第一回合、战术组织、网上争夺、防守反击、串联衔接，再加上战术意识和比赛经验，意志力，强弱轮次均衡性，替补力量，竞技状态，临场指挥等。在每一项指标之下，中日双方都把对手能得满分（10 分）时自己所能取得的分数记录下来。计算结果，中国得分总和为 140 分，日本得分总和为 136 分。当然，这并非社会统计，我们以此为例，只是想说明，社会统计要考虑多方面的因素，设计多种必要的度量指标。数值仅仅是量的一种表现形式，此外还应包括事物存在和发展的速度、程度、规模、形式以及组成的结构等。

社会统计分为两大类：一是叙述统计，一是统计推论。叙述统计主要是对调查得来的大量数据进行计算整理，加以简缩，用一些有代表性的统计数字明晰地表达出大量原始数据所要表达的信息，如集中趋势、分散趋势和相关程度等。集中趋势反映了数据的集中程度，反映这种趋势水平的有平均数、众数、中位数，我们习惯用的只有平均数。众数是出现次数最多的数值，是总体中最普遍出现的标志量。中位数是位置在正中间的数值，是处在数列中的中点位置的标志值。在实际工作中，有时可用众数，有时可用中位数，代替平均数说明社会现象的一般水平。分散趋势反映了数据的分散程度，反映这种趋势水平的有标准差、方差、离散系数等。例如我们统计群众居住水平，一般都用按人口平均居住面积的方法来说明问题。但是如果对比两个单位职工的居住水平，如果一个单位干部住房过多，另一个单位干部住房不多，只看按人口平均数是不够的。反映个人居民面积分散程度的标准差、离散系数等,就可以弥补平均数的不足。描述现象与现象关系的相关系数,一般使用较少。

推论统计,就是在叙述统计的基础上,利用局部的统计数据对总体的各种数值加以推断。在社会调查中,我们很少运用这种统计方法。不过,今后应该加以推广。

加强统计分析,也就是定量分析,对于开展社会学研究,和进一步促进调查研究方法的科学化,具有重要作用。我们的调查研究,在定性分析上是有丰富经验的,但是在定量分析上,经验、技术、手段,都还很薄弱。因此,应当在原有定性分析的基础上,发展定量分析,把定性分析和定量分析结合起来。首先,定量分析必须以理论分析为指导。不论搞什么调查研究,都要有理论。没有理论,光靠一大堆数字,什么问题也不能说明。计算机再精确,单纯依靠数量关系,是反映不出人与人之间的社会关系的。其次,不能用定性分析代替定量分析,或用定量分析代替了定性分析。从我们看到的一些调查材料看,许多都是定性分析,而缺乏定量分析,缺乏科学数据。即使摆出若干数字,也往往是一些概数、估数、含有大量“水分”的数,严格讲来,这些数是没有多大的科学价值的。甚至,有的连这种缺乏科学性的概数、估数都没有,而是用一些笼统的数量概念来代替精确的、具体的定量分析。例如，讲到人数，常常用“绝大多数”“大多数”“多数”“部分”“不少”“少数”“有些”“有的”“个别”等。用这类概念叙述大概情况还可以，若作为社会调查和社会统计的主要方法，就显然不够了。当然，也有另外一种偏颇，即只讲定量分析，不讲定性分析。例如，有一篇青年婚姻问题的调查报告，全部都是从婚姻介绍所登记的材料中摘出的数字，算来算去，也说明不了问题。既然调查的对象是人，就应当考虑到不同人的不同经历、思想、语言、情感，就应当对调查对象进行定性分析，对不同类型的人的情况（包括量的指标）进行比较分析，从中得出较准确的结论。

毛泽东同志在《党委会的工作方法》中指出：“我们有许多同志至今不懂得注意事物的数量方面，不懂得注意基本的统计、主要的百分比，不懂得注意决定事物质量的数量界限，一切都是胸中无‘数’，结果就不能不犯错误。”①随着社会主义现代化建设的逐步发展，对社会统计将提出许多新的问题，对统计工作的要求将越来越高。因此，必须大力开展社会统计的研究，力求准确、及时、系统、全面地收集和整理各项资料，把社会统计和社会调查提升到一个新的水平。

① 《毛泽东选集》（第4卷），人民出版社1960年版，第1442页。

“先尝后买”有文章

——谈谈抽样调查

走进摊贩市场，立即听到各种各样的叫卖声。卖枣的大声吆喝：“先尝后买！”卖鸡蛋的吆喝：“个个新鲜，坏的管换！”卖螃蟹的干脆将两个螃蟹掰开，露出饱满的蟹黄，以此说明他的螃蟹的鲜肥。这一切当然是一种“广告宣传”，以此招徕顾客。但是仔细一想，先尝后买，这不正是统计学中所说的抽样调查吗？

什么叫抽样调查？抽样调查就是在总体范围内，抽出一部分样本进行研究，用以推算总体。所谓总体，就是指调查目标的总体，也叫母体。所谓样本，就是从总体中选取的代表总体的部分。抽样调查是按照概率论原理进行随机抽样，并以假设的逻辑、结构模式作为范型来测定现实的事例，通过数学公式来处理为数众多的可变因素的动态关系，以推断可能出现的结果。抽样调查是一种常用的科学研究方法,它不仅适用于自然科学,也适用于社会科学,其中包括社会学。这种方法是符合认识事物的程序的。实际上,我们的许多知识都是通过样本获得的。我们知道山是什么样子的,那是通过观察若干座山而得到的;我们知道河流是什么样子的,那是通过观察若干条河流而得到的。对于社会现象的认识,往往也是如此。大量的社会现象,属于非确定现象,所以,仅仅抓几个典型是不够的,不能代表千差万别的现象,要想了解全部情况往往是有困难的,甚至是不可能的。因此,根据随机原则,抽取相应数量的样本,不仅比全面调查来得快,节省人力和物力,而且往往在复杂的情况下,能够取得比较详细的接近于实际的数据,正确反映事物的全貌。

抽样调查一般分为随机抽样和非随机抽样两大类。最主要的是随机抽样。随机抽样有五种基本方法:

第一种是简单任意抽样法。在总体中每一个单位被抽中的机会是均等的,任何一个单位被抽中仅仅是碰机会的问题。一般采取抽签的办法。每个单位,或者叫个案,被选中的机会有多少呢?如在 10000 人中抽选 500 人作样本,每人被选中的机会为万分之五百,即 5%。

第二种是系统任意抽样法。如某校有学生 3000 人,要抽 150 人,每隔 20 人抽 1 个人。如第一个抽 7,则后面为 27、

47、67、87……

第三种是分层定比任意抽样法。事先把总体分成几个层次，按层次按比例抽取样本。究竟如何分层，也就是分组呢？主要根据研究的需要而定。例如，研究20000人对计划生育的看法，假定他们的文化程度与性别都对计划生育的看法有影响，我们就以文化程度和性别两项标准分组，见表1。

该表抽样比例为两万分之五百，即2.5%。按这个比例，分别在不同文化程度、不同性别的研究对象中抽样，即在4200人中抽105人，在7000人中抽175人等。在每组研究对象中，抽取样本的方法仍是简单或系统任意抽样法。用分组方法抽取的样本，代表性最好。因此，这种方法是抽样中运用最普遍的一种，而且也是最重要的一种。

表1　计划生育看法抽样调查表

文化水平	性 别	总 体	样 本
小学或小学以下	男	4200	105
	女	7000	175
初 中	男	3600	90
	女	3000	75
高中或高中以上	男	1800	45
	女	400	10
总 计		20000	500

第四种是分层异比任意抽样法。在各个层次一律使用

同一的抽样比例时，如遇其中某一层的数量特别少，按统一百分比取样所得的个案数量太少，以致影响这一层抽样的个案分析，则这一层可采取比其他层较大的取样比例，这就叫作异比。如对 10000 名工人抽样，如抽 200 人，按男女分组，男工应抽 180 人，女工应抽 20 人。由于 20 人的样本太少，缺乏代表性，可适当增加女工的样本数。这就叫分层异比任意抽样。这样抽样较难应用，因为进行统计时还得对统计出来的数值予以修正，即在推论时仍按原人数比例计算。

第五种是多段抽样法。这种方法，就是从集体抽样到个体抽样，分成若干阶段分步进行。如对某区街道 20 万居民抽样，即可分三段进行。先从全区 15 个街道中抽取 6 个街道，再从 6 个街道中抽取 18 个居民区，再从 18 个居民区中抽取 1000 人。整个过程的各段抽样，都可采用简单或分层任意抽样法。这种方法，在大规模调查时非用它不可。但由于各段抽样都会有误差，经过多段抽样，最后抽出来的样本，误差就会比较大，这是这种方法的缺点。

我们在做实际调查时，一般都采取随机抽样和非随机抽样相结合的方法。如在某市调查居民问题，选定调查甲区和乙区，甲区只能代表甲区，乙区只能代表乙区，这是指定的，是非随机的。在这两个区内，则采取随机抽样法。为了避免在抽样中出现同类循环，如男性过多，女性过少，或中年老年过多，青少年过少等，可对性别、年龄进行定额控制。

在我们进行抽样调查时，抽取样本只是完成了第一步，第二步要将抽样结果推论到总体。过去，我们往往把对几个典型单位的调查数据拿来当作总体的数据，这种简单的做法是很不科学的。一个地区有成千上万个单位，情况千差万别，有很好的、比较好的、一般的、较差的、很差的，找几个典型单位怎么能代表总体呢？在工作中，可以以点带面，但是，进行社会调查则不能以点代面，这样实际上往往出现以偏概全的毛病。现代抽样调查法则用数理统计的方法，用数学公式推论到总体，按照可信间距、可信系数进行推算，充分估计抽样误差对总体的影响有大小，这样是比较科学的。

开展社会调查，抽样调查的方法很值得推广。比如，对居民家庭收支情况的了解，若对所有家庭逐一观察、经常登记，客观上困难很大，事实上也没有必要，只要按一定原则，选定若干家庭加以调查，即可获得满足任务要求的统计资料。

要把抽样调查搞好，必须注意这样几点：第一，必须严格遵守随机原则，不能带有主观偏见，不能受各种主观因素的影响；第二，抽查的单位必须具有充分的代表性，并要有相当的数量，要从总体中抽选出有充分代表性的个案；第三，调查人员必须深入实际，掌握第一手资料。否则，就会影响抽样调查的科学性，出现较大的误差。

我们要根据调查任务的需要，把普遍调查、典型调查与抽样调查结合起来。我们是社会主义国家，从上到下有一套完整的组织系统，这是进行普查的有利条件。我国进行的第三次人口普查是一次高质量的普查，是在世界人口普查中误差率较低的。怎样检验这次普查的质量？不可能再全部核对一遍，只能用抽样调查的方法。用抽样调查的资料对普查资料做修正补充，是很必要的。我们进行典型调查是很有经验的。典型调查，在一个点上的调查深度，当然是优于抽样调查的，但是难以推论到总体。因此，要把三者结合起来，扬长避短，相辅相成，使我们的社会调查沿着科学化的方向大大前进一步。

潮汐的奥秘与社会的奥秘

——谈谈相关分析

相关分析，是社会统计中最常用的方法之一。

什么是相关分析？社会现象是普遍联系和相互依存的。从数量上研究现象之间的依存关系，就是相关分析。要弄清相关分析，首先应该弄清相关关系。在我们日常社会生活中会遇到许许多多互相关系的问题。比如，坚持体育锻炼，对于寿命长短有无关系？关系多大？戒了烟，对预防肺癌有无关系？青少年犯罪增多，同淫秽书画物品的流传有无关系？关系多大？会议多与机构臃肿、人浮于事有没有关系？关系多大？总之，一种现象同另一种现象有关，就是相关关系。

科学上的大多数重要发现，都是研究现象与现象之间的数量关系的结果。海洋潮汐就是一例。潮汐是海洋水面发生周期性升降的现象。在海洋学上，在白昼的称为“潮”，在夜间的称为“汐”，二者名异实同。科学家观察潮汐现象，首先发现这种现象同时间有关系，进而发现同日、月的位置，特别是同月球的运行有密切关系，最后才弄清潮汐现象是由于月球和太阳对地球各处引力作用不同而引起的。这两种现象之间的关系搞清楚了，就能够预报潮汐发生的时间和大小了。

但是，现实生活中也常常出现几种现象偶然碰在一起，同时发生的情况，结果，被人们误认为这几种现象之间有什么关系。比如，“夜猫子进宅，无事不来”。猫头鹰的出现，或许碰巧与某一家发生的不幸事件联系在一起了，有的人因此以为猫头鹰与不幸事件有相关关系，产生了猫头鹰是不祥之兆的迷信心理。又如，社会上曾流传过，喝酒吃红薯会致人死命。究其原因，也许有人暴卒，病因不明，碰巧死者是饮酒时吃了红薯之后死的，致使某些人把这些互不相干的事联系在一起了。其实，红薯能酿酒，怎么红薯与酒精相遇就变成剧毒了呢？分析这几种食品的成分，就可推翻“同吃致死”的结论。这就是说，研究相关关系，必须随时排除假象和偶然性因素的干扰。

社会现象之间的依存关系可分为函数关系和相关关系。函数关系是随着一个数值的变化，其他数值也发生着一定的对应变化。客观世界的各种现象之间的依存关系，除了我们所注意的影响因素之外，往往还会受到其他因素的影响。所以，我们研究社会现象，不能只考虑各种现象间的函数关系。比如，研究企业内部实行经济责任制同经济效益的关系。实行经济责任制，就是把企业和职工的经济利益同承担的经济责任和实现的经济效果联系起来，也就是权、责、利的统一，这样会大大提高经济效益。但是，影响企业经济效益高低的，除了实行经济责任制这一因素以外，还有供、产、销等多方面因素的影响，同时，也受到政治思想工作因素的影响。同样实行经济责任制，经济效益也可能不同。在这种情况下，只有全面观察各个单位的状况，具体问题具体分析，排除偶然因素的影响，才能准确地弄清实行经济责任制同提高经济效益两者之间的相关关系。

在社会统计中进行相关分析，究竟如何反映现象之间的相关关系呢？就是用相关系数来表示。相关系数表明社会现象间相关关系的形式和紧密程度。相关系数的数值在－1至1之间。完全是正关系（即完全相关）用相关系数1来表示；完全负关系（即负相关）用相关系数－1来表示；没有关系（即毫无关系）用0来表示。

所谓正相关，就是A越大，B也越大。水涨船高。比如，学生在校学习成绩与高考成绩是正相关，即在学校的成绩越好，高考成绩也越好。又如，农田耕作深度与收获率是正相关，即耕作越深，收获率也越高。当然这里说的深耕也有一定限度，超过限度，耕作过深，也不能提高收获率。再如，人们的吸烟量与发生肺癌的机会是正相关，即人们吸烟的数量越大，发生肺癌的机会越大。

所谓负相关，就是A越大，B越小。比如，一台机器的已用时间与其价值是负相关，即机器已用时间越长，其价值也越低。折旧就是这个道理。又如，机构的大小与工作效率高低是否负相关？这需要具体分析。如机构人员过少，增加机构人员与提高效率是正相关；如机构人员过多，再增加机构人员与提高工作效率则是负相关。

如何计算相关系数，这里涉及比较复杂的计算方法，计算的公式比较多。在这篇短文中无法实现这一任务。这里只举一两个简单的计算结果加以说明。比如，我们调查10000户家庭夫妻的文化程度与所生子女的数目的关系。假定我们得到的相关系数是－0.76，这个数字说明了两个问题：一是两者的关系很大；二是两者是负相关，就是说，父母的文化水平愈高，儿女数目愈少。这样一个简单数字，就把10000户家庭夫妻的文化程度与所生子女的数量的关系反映出来了。又如，我们研究学生的家庭环境和学生的高考成绩的影响，我们研究若干名不同学生的家庭环境，其中包括知识分子、干部、工人、农民家庭，和学生的高考成绩的关系，运用相关分析的方法加以运算，假定得出的相关系数为0.69，这就用数据说明了家庭环境与高考成绩的关系较大。这比我们只从某些事例或凭主观的印象来说明问题要科学化了。

这里必须说明，利用相关分析方法来说明社会现象之间的关系，只是应用统计规律进行一些描述，是一种辅助性手段。因为光靠它并不能说明事物的内在联系，不能说明现象与本质的关系，不能说明因果关系。要全面说明事物间存在的内在联系和相互关系，就必须以唯物辩证法作为认识世界的武器。

后　　记

在我国,研究社会学的历史并不长,从清朝末年算起,只不过有百年的历史。然而,却产生了像费孝通教授那样在世界上享有盛名的社会学家。至于从事社会调查,中国所取得的成就便更大了,以毛泽东同志为代表的老一辈无产阶级革命家,在新民主主义革命初期就做了大量工作,取得了巨大的成果。可以说,我们党在革命斗争的各个历史时期所制定的正确的路线、方针、政策和策略,都是以深入细致的社会调查所提供的大量资料为依据的。可惜的是,在中华人民共和国成立以后的一段时间内,由于“左”的思想的影响,社会学竟成了一个危险的“禁区”,甚至误当作“异己”的东西加以排斥。结果,不少搞社会工作的人也对自己生活其中的社会的实际情况不甚了解了。毫无疑问,这种情况也助长了主观主义的思想作风和工作作风。历史的经验告诉我们,社会学不但不应排斥和废弃，相反的，应当大力推进这种学问的发展。

当然，对于国外的社会学的理论，我们不能盲目照搬，而应当进行实事求是的研究、分析和批判，剔除其糟粕，吸收其精华，坚持“拿来主义”，为我所用，以便创立和发展具有中国特色的社会主义的社会学理论。

要发展，就须学习。这本小册子，就是在著名社会学者们的理论的启发下写成的。在一定意义上说，它是一种学习笔记，所记录的都是自学过程中的粗浅的认识、心得和体会。后学者如能从中窥见一点门径，作者也就心满意足了。至于书中纰缪，一定不少，还望得到专家、学者和广大读者的批评与指正。

作　者

1984 年 4 月